DORLING KINDERSLEY TOP 10

MAILAND
& OBERITALIENISCHE SEEN

REID BRAMBLETT

D1726368

DORLING KINDERSLEY

Links **Villa Balbianello, Comer See** Mitte **Stazione Centrale, Mailand** Rechts **Isola Bella: Borromeo-Gräber**

[DK]

EIN DORLING KINDERSLEY BUCH

www.dk.com

Produktion *Blue Island Publishing*
Texte *Reid Bramblett*
Fotografien *Paul Harris, Anne Heslope*
Kartografie *James Anderson, Jane Voss*

© 2003 Dorling Kindersley Ltd., London
Zuerst erschienen 2003 bei
Dorling Kindersley Ltd., London

Für die deutsche Ausgabe:
© 2003 Dorling Kindersley Verlag GmbH,
München

Übersetzung *Barbara Rusch, München*
Redaktionsleitung *Dr. Jörg Theilacker,
Dorling Kindersley Verlag*
Redaktion *Linde Wiesner, Pullach*
Schlussredaktion *Dr. Anita Meschendörfer,
München*
Satz & Produktion *Dorling Kindersley Verlag*
Lithografie *Colourscan, Singapur*
Druck *Graphicom srl, Vicenza, Italien*

ISBN 3-8310-0425-0
1 2 3 4 5 06 05 04 03

Die Top-10-Listen in diesem Buch sind nicht
nach Rängen oder Qualität geordnet.
Alle zehn Einträge sind in den Augen des
Herausgebers von gleicher Bedeutung.

Inhalt

Top 10 Mailand & oberitalienische Seen

**Die Informationen in diesem
Dorling Kindersley Top 10 Reiseführer werden jährlich überprüft.**
Wir haben uns intensiv bemüht, die Informationen in diesem Buch zum Zeitpunkt der
Drucklegung auf den neuesten Stand zu bringen. Angaben wie Telefonnummern,
Öffnungszeiten, Preise, Ausstellungen und Fahrpläne unterliegen jedoch Veränderungen.
Der Herausgeber kann für eventuell hieraus entstehende Schäden nicht haftbar gemacht
werden. Für Hinweise, Verbesserungsvorschläge und Korrekturen ist der Verlag dankbar.
Bitte richten Sie Ihr Schreiben an:
Dorling Kindersley Verlag
Gautinger Straße 6
D-82319 Starnberg

Links **Weinberg am Luganer See** Mitte **Rocca di Angera, Lago Maggiore** Rechts **In der Eisdiele**

Reise-Infos

Mailands Stadtteile & oberitalienische Seen

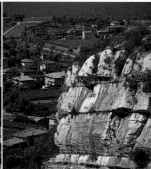

Links **Galleria Vittorio Emanuele II, Mailand** Rechts **Mantua**

TOP 10 MAILAND & OBER- ITALIENISCHE SEEN

MAILAND & OBERITALIENISCHE SEEN

🔟 Highlights Mailand & die Seen

*Mailand ist der wirtschaftliche Motor Italiens, ist Finanz-
platz und Industriezentrum, Metropole der Medienimpe-
rien und der Modehäuser. Die Stadt blickt auf ein rei-
ches Kulturerbe zurück und wartet mit großer Kunst und
imposanten Kirchen auf. Nur 40 Minuten entfernt
locken die azurblauen oberitalienischen Seen.*

Comer See

1 Leonardo da Vincis *Abendmahl*

Das Fresko ist eines der größten
und großartigsten Werke des
Renaissance-Genies. Obwohl es
sich langsam zersetzt und nur
noch ein Schatten seiner selbst
ist, lehrt das wunderbare Meisterwerk Bände über die Ideale
der Renaissance *(siehe S. 8f)*.

2 Mailands Duomo

Die größte gotische Kathedrale der Welt wurde erst nach
400 Jahren Bauzeit vollendet.
Vom Dach mit seinem steinernen
Wald aus Spitzen, Pfeilern und
Statuen bietet sich ein fantastisches Panorama *(siehe S. 10f)*.

3 Pinacoteca di Brera

Die größte Gemälde-
galerie Norditaliens zeigt
Meisterwerke von Mantegna,
Giovanni Bellini, Piero della
Francesca, Raffael und Cara-
vaggio *(siehe S. 12–15)*.

Castello Sforzesco 4

Die große Burg aus dem
15. Jahrhundert beher-
bergt heute Gobelins,
archäologische Arte-
fakte, Gemälde von
Bellini und Mantegna
sowie Skulpturen wie
etwa Michelangelos
Meisterwerk *Pietà Ron-
danini (siehe S. 16f)*.

Pinacoteca
5 Ambrosiana
In dem Kulturzentrum aus dem 17. Jahrhundert sind Werke von Leonardo da Vinci, Botticelli, Raffael und Caravaggio zu bewundern *(siehe S. 18f)*.

Oberitalienische Seen

Sant'Ambrogio 6
Als eine der ältesten Kirchen Mailands wurde sie vom Stadtpatron Bischof Ambrosius 379 gegründet. Ihre Mosaiken und Schnitzereien stammen teils aus dem 4. Jahrhundert *(siehe S. 20f)*.

Isole Borromee
7 im Lago Maggiore
Auf einer der drei grünen Inseln liegt ein Fischerdorf, auf den anderen prangen die Gärten der luxuriösen Villen der lokalen Herrscherfamilie Borromeo *(siehe S. 22f)*.

Certosa di Pavia 8
Der Kloster- und Kirchenbau in der Poebene ist mit seiner eleganten Marmorfassade, den großartigen Grabmälern, exzellenten Gemälden und Fresken der Inbegriff lombardischer Renaissance *(siehe S. 24f)*.

9 Bergamo
Die Stadt bietet ein perfektes Zusammenspiel aus Charme und Eleganz, Mittelalter und Renaissance, feinen Boutiquen und herzhafter Küche *(siehe S. 26f)*.

Mantova (Mantua)
10 Den alten Sitz der
Grafen Gonzaga umgeben an drei Seiten flache Seen. Hier sind von Größen wie Andrea Mantegna, Giulio Romano u.a. ausgestaltete Renaissance-Paläste zu bewundern *(siehe S. 28f)*.

Top 10 Mailand & oberitalienische Seen

ᵀᴼᴾ10 Leonardo da Vincis *Abendmahl*

Das 1495–97 geschaffene Meisterwerk ist ein Meilenstein der Renaissance-Kunst. Seit seiner Vollendung pilgern Kunstjünger nach Mailand, um das Fresko an der Refektoriumswand in einem Dominikanerkloster bei der Kirche Santa Maria delle Grazie zu studieren. Es zeigt den Moment, nachdem Christus seine Jünger mit der Aussage »Einer von euch wird mich verraten« konfrontiert hat. Der Schriftsteller Aldous Huxley nannte das Fresko im 20. Jahrhundert wegen seines schlechten Zustands das »traurigste Kunstwerk der Welt«.

Santa Maria delle Grazie

☢ Besichtigungen müssen mindestens zwei Tage (im Früling eine Woche!) im Voraus gebucht werden.

☢ Mithilfe des Audioführers erfahren Sie, warum das zerstörte Fresko in der Kunstgeschichte eine so wichtige Rolle spielt.

🖵 Folgen Sie der Via Magenta bis zur Bar Magenta in der Via Carducci 13. Die Eckbar ist eine gemütliche Mischung aus Jugendstilcafé und Guinnesspub *(siehe S. 65, 90).*

• Karte J3 • Information: Piazza S. Maria delle Grazie 2/Corso Magenta, Mailand • 02-8942-1146
• www.cenacoloviciano.it
• Di–So 8–19.30
• 6,50 € plus 1 €
Buchungsgebühr; für EU-Bürger unter 18 oder über 65 Jahre frei

Top 10 Details

1. Gruppierungen
2. »Heiligenschein«
3. Judas
4. Der Tisch
5. Perspektive
6. Licht
7. Reflexionen
8. Wappen über dem Gemälde
9. Kreuzigung gegenüber dem Fresko
10. Alterungsbeispiel

1 Gruppierungen
Da Vinci beschäftigte sich mit Ton- und physikalischen Wellen. Mit Jesus in der Mitte spiegeln die als Dreieck angeordneten Personen die Dreifaltigkeit wider, aber auch die Auswirkung einer »Schockwelle«, die von Jesus ausgeht und von der Wand zurückgeworfen wird, als er enthüllt, dass ein Verräter unter den Jüngern ist.

2 »Heiligenschein«
Ein mittelalterlicher Heiligenschein, ohne den Realismus der Renaissance zu verraten: Christus sitzt so vor dem Fenster *(unten)*, dass seinen Kopf ein Schein, aber nicht der typische »Teller« umgibt.

3 Judas
Zuvor war Judas oft abgesondert am Tisch sitzend abgebildet worden. Da Vinci zeigt den Verräter auf subtilere Weise und platziert ihn inmitten der anderen Jünger *(oben)*.

4 Der Tisch
Tischtuch und Gedeck entsprechen wohl denen der Mönche. Diese Details unterstützten die Vorstellung, dass sie ihre Mahlzeiten mit Jesus und den Jüngern gemeinsam einnahmen.

Mehr zu Leonardo da Vinci **siehe S. 48**

5 Perspektive

Die gemalten Wände scheinen wie eine Fortführung der Mauern des Refektoriums. Die Linienführung lenkt den Blick auf Christus in der Mitte und unterstützt die dramatische Spannung des dargestellten Augenblicks.

6 Licht

Das Zusammenspiel der sorgfältig genutzten bzw. platzierten Lichtquellen – vom Refektorium, von den im Hintergrund gemalten Fenstern und von den Fenstern der linken Wand des Refektoriums – bewirkt dramatische Lichteffekte.

7 Reflexionen

Zum realistischen Eindruck trägt bei, dass sich die Farben der Gewänder der Jünger in den Gläsern und den Zinntellern auf dem Tisch spiegeln *(oben)*.

8 Wappen über dem Gemälde

Die Lünetten *(unten)* oberhalb des Freskos wurden auch von da Vinci gemalt. Es scheint, als hätte er die perfekten Blätter rund um das Wappen der Sforza genauso gern gemalt wie die riesige Komposition darunter.

9 Kreuzigung gegenüber dem Fresko

Viele Besucher übersehen das 1495 von Donato Montorfano gemalte, detailreiche Fresko an der gegenüberliegenden Wand, dessen Farben noch immer erstrahlen.

10 Alterungsbeispiel

Montorfanos *Kreuzigung* ist ein *buon fresco*, die heute kaum sichtbaren knienden Personen wurden später wie beim *Abendmahl* auf trockenem Verputz aufgetragen.

Ein Fresko vergeht

Beim *buon fresco* (echten Fresko) werden Farbpigmente auf nassem Kalkputz aufgetragen, die Farben verbinden sich beim Trocknen mit dem Untergrund. Beim *Abendmahl* verwendete Leonardo Temperafarben auf halbtrockenem Untergrund – das Gemälde begann sich aufzulösen. Napoleons Truppen missbrauchten das Fresko für Schießübungen, seinen desolaten Zustand verschlimmerten Bomben im Zweiten Weltkrieg. Vor wenigen Jahren entfernte man Retuschen und ergänzte verschwundene Gemäldeteile durch helle Farbflächen.

Leonardo da Vinci im Internet www.onlinekunst.de/april/ 15_04_01_leonardo.htm

TOP 10 Mailands Duomo

Fast 430 Jahre dauerte es vom Setzen des ersten Steins 1386 bis zu den letzten Arbeiten an der Fassade des Mailänder Doms 1813. Dennoch hielten sich seine Erbauer strikt an den gotischen Baustil. Allein die Statistik ruft Bewunderung hervor: Die drittgrößte Kirche der Welt schmücken 3500 Statuen und stützen im Inneren 52 massive Pfeiler.

3 Battistero Paleocristiano

Eine Treppe beim Eingang führt hinunter zu den Ausgrabungen – einem Baptisterium von 287, einer Basilika aus dem 4. Jahrhundert und Resten römischer Thermen (1. Jh. v. Chr.).

Auf dem Dach des Duomo

🟢 Erforderlich ist angemessene Kleidung – keine nackten Schultern, Miniröcke oder sehr kurze Hosen. Praktisch: Schals.

An den seltenen smogfreien Tagen in Mailand reicht der Blick über die Ebenen bis zu den Alpen.

🔵 Das hiesige Café-Angebot ist zwar sehr gut, doch nichts übertrifft einen Campari im historischen Zucca in der Galleria Vittorio Emanuele *(siehe S. 64, 80).*

• Karte M4 • Piazza del Duomo, Mailand
• 02-860-358
• Kathedrale: tägl. 7–18 Uhr, frei
• Dach: tägl. 9–17.45 Uhr (16. Feb–14. Nov bis 16.15 Uhr); 5 € mit dem Lift, 3,50 € zu Fuß
• Museo del Duomo: Piazza del Duomo 14, tägl. 10–13, 15–18 Uhr; 6 €
• Sammeleintritt für Dach und Museum 7 €

Top 10 Details

1. Fassade
2. Kirchenschiffe
3. Battistero Paleocristiano
4. Buntglasfenster
5. Grabmonument des Gian Giacomo Medici
6. Der geschundene heilige Bartholomäus
7. Ambulatorium & Krypta
8. Dachterasse
9. La Madonnina
10. Museo del Duomo

1 Fassade

Seit dem 16. Jahrhundert erstellten Baumeister Entwürfe für die Fassade, endgültig erbaut wurde sie 1805–13 im neogotischen Stil mit Bronzeportalen und Reliefen *(oben)*. Seit 2002 versteckt sich der Dom für eine wohl mehrere Jahre dauernde Säuberung hinter riesigen Gerüsten.

2 Kirchenschiffe

Den Innenraum *(rechts)* dominieren 52 Pfeiler mit Heiligenfiguren. Das gotische »Maßwerk« der Gewölbe der vier äußeren Schiffe ist in Wahrheit fantastische Trompe-l'Œil-Malerei aus dem 16. Jahrhundert. Die düstere Beleuchtung verstärkt die Illusion.

Die Fassade vor der Säuberung

Weitere großartige Kirchenbauten in der Lombardei siehe S. 38f

4 Buntglasfenster

Durch Dutzende Buntglasfenster (links) fallen farbige Lichtbündel in den düsteren Innenraum. Das älteste Fenster im rechten Flügel stammt von 1470, das neueste von 1988.

5 Grabmonument des Gian Giacomo Medici

Leone Leoni schuf 1560–63 im Stile Michelangelos das Grab eines Söldnergenerals mit der lebensgroßen Bronzefigur des Verstorbenen als römischem Zenturio.

6 Der geschundene hl. Bartholomäus

Marco d'Agrates seltsame Statue des unglücklichen Heiligen von 1562 trägt ihre Haut fast salopp über der Schulter, Muskeln und Adern liegen frei.

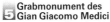

Duomo-Grundriss

7 Ambulatorium & Krypta

Das Ambulatorium ist eingeschränkt geöffnet, zu bewundern ist eine lombardische Sakristeitür aus dem 14. Jahrhundert. Daneben führt eine Treppe in die Krypta mit dem Bergkristallsarg des San Carlo Borromeo und zum Domschatz mit seinen großartigen Reliquien und liturgischen Artefakten.

8 Dachterrasse

Das Dach bietet einen fantastischen Blick (siehe auch S. 34) auf die wunderbare gotische Krone aus Spitzen, Chimären, Statuen und Maßwerk (oben).

La Fabricca del Duomo

Die strikte Einhaltung des gotischen Stils über eine Bauzeit von sage und schreibe 427 Jahren ist das beste Beispiel für die sprichwörtliche Mailänder Hartnäckigkeit. Über Generationen hinweg ignorierten die verschiedenen Baumeister das Aufkommen neuer Architekturstile, ob Renaissance, Barock oder Klassizismus. Entsprechend kommentiert man im Mailänder Dialekt alles, was scheinbar ewig nicht fertig wird, mit la fabbrica del Duomo – »die Errichtung des Doms«.

9 La Madonnina

Auf der Zentralspitze des Duomo thront seit 1774 in 108 Meter Höhe die vergoldete Kupferstatue der »kleinen Madonna« (rechts) mit Blick auf Mailands schönstes Panorama. Jahrhundertelang war sie Mailands Königin der Lüfte, bis sie vom Pirelli-Hochhaus (siehe S. 37) überragt wurde.

10 Museo del Duomo

Das Museum im benachbarten Palazzo Reale (siehe S. 73) präsentiert Buntglasfenster und aus Schutzgründen aus dem Duomo entfernte Gobelins. Sehenswert sind Tintorettos Meisterwerk Jesus unter den Schriftgelehrten und die Holzmodelle des Duomo.

 Mailands Duomo im Internet **www.archinform.de**

Pinacoteca di Brera

Unter den großen italienischen Kunstmuseen nimmt die Brera eine Sonderstellung ein. Ihr Reichtum gründet nicht auf den Schätzen einer Kirche oder Adelsfamilie, sondern auf der napoleonischen Säkularisierungspolitik. In den darauf folgenden Jahrhunderten wurden die Sammlungen der Brera durch einige der besten Renaissance-Gemälde aus Norditalien, wunderbare Werke der venezianischen Schule und von mittelitalienischen Künstlerlegenden wie Raffael und Piero della Francesca ergänzt.

![1] Schlägerei in der Galleria, Boccioni

Das Bild *(1911, oben)* zeigt eine Prügelei vor dem Caffè Zucca *(siehe S. 64).* Ein weiteres Werk Boccionis in der Brera: *Die Stadt erhebt sich.*

Pinacoteca di Brera

🕐 **Exzellente Erläuterungen zu den ausgestellten Werken bieten die Audioführer.**

Die preiswerten, an Werktagen für Gruppen jeder Größe erhältlichen Führungen müssen 2–3 Tage vorab gebucht werden.

🍴 **Die Bars des Brera-Viertels** *(siehe S. 90)* **bieten köstliche Imbisse und leckere Aperitife an.**

• Karte M2
• Via Brera 28, Mailand
• 02-722-631 • www.brera.beniculturali.it
• Di–So 8.30–19.15 Uhr
• Eintritt 5 €; für EU-Bürger unter 18 oder über 65 Jahre frei

Top 10 Kunstwerke

1. Schlägerei in der Galleria
2. Valle-Romita-Polyptychon
3. Toter Christus
4. Madonna mit Kind
5. Auffinden des Leichnams des heiligen Markus
6. Montefeltro-Madonna
7. Die Vermählung Mariens
8. Christus in Emmaus
9. Bacino di San Marco
10. Der Kuss

![2] Valle-Romita-Polyptychon, Gentile Fabriano

Das Altarbild von 1410 wurde sorgfältig restauriert. Die fünf Hauptpaneele kamen mit Napoleon in die Sammlung, vier weitere wurden später gekauft.

![3] Toter Christus, Mantegna

Mantegna zählte in der Renaissance zu den besten Perspektivmalern. Sein perspektivisches Meisterwerk entstand um 1500 *(unten).*

Canalettos Bacino di San Marco

![4] Madonna mit Kind, Giovanni Bellini

In der Brera prangen einige Werke des Meisters der frühen venezianischen Renaissance. Die zwei sehr verschiedenen Versionen der Madonna mit Kind malte Bellini einmal im Alter von 40 Jahren fast im flämischen Stil, 40 Jahre später als licht- und farbendurchflutete Szene.

Weitere Museen **siehe S. 40f**

5 Auffinden des Leichnams des hl. Markus, Tintoretto

Dramatisch ist die Wirkung des Lichts in dem meisterhaft komponierten Werk (um 1560), auf dem venezianische Kaufleute den toten heiligen Markus bergen.

6 Montefeltro-Madonna, Piero della Francesca

Das Altarbild (1472) zeigt des Malers Mäzen, den Herzog da Montefeltro, vor der Madonna mit Kind kniend. Nur wenige Monate zuvor hatte die geliebte Frau des Herzogs einen Jungen geboren, der wenige Wochen später verstarb.

Pinacoteca di Brera

Eingang

7 Die Vermählung Mariens, Raffael

Diese frühe Arbeit zeigt die irdische Vermählung Mariens mit Joseph. Raffael übernahm die Idee und die grundlegende Komposition von seinem umbrischen Meister Perugino und bannte sie in eine perfekte Zentralperspektive.

8 Christus in Emmaus, Caravaggio

Auf Caravaggios zweitem Bild des Abendmahls (1605, *oben*) lässt das Gegenspiel von tiefen Schatten und strahlendem Licht Bewegung und Spannung entstehen.

9 Bacino di San Marco, Canaletto

Der große venezianische Vedutenmaler des 18. Jahrhunderts schuf mindestens sieben Bilder vom Campanile von San Marco und vom Dogenpalast *(oben)*.

10 Der Kuss, Francesco Hayez

Hayez malte diese leidenschaftliche Szene *(links)* mit 68 Jahren als Allegorie des Unabhängigkeitskampfes und als Symbol für die Bedeutung der Familie.

Der Palast

Der spätbarocke Palazzo di Brera wurde 1591 bis 1658 als Jesuitenkolleg errichtet, aber erst 1774 – nach dem Verbot des Jesuitenordens – vollendet. In der Mitte des Hofes steht eine Bronzestatue von Napoleon als Mars. Die im Jahr 1807 beauftragte Skulptur wurde erst 1859 aufgestellt.

Mehr zu Francesco Hayez und anderen Künstlern siehe S. 15, 48f

Besucher in der Brera

Die Sammlungen der Brera

Umberto Boccionis *Der Trinker*

1 Sammlung Jesi, Kunst des 20. Jahrhunderts (Saal I)

Durch die Sammlung Maria Jesis stieg die Brera 1976 zum ersten großen italienischen Museum mit einer bedeutenden Kollektion der Kunst des 20. Jahrhunderts auf. Hiesige Meisterwerke sind Boccionis *Schlägerei in der Galleria (siehe S. 12)*, Arbeiten von Morandi, Modigliani, Picasso und Braque.

2 Malerei des 13. Jahrhunderts (Säle II–IV)

Mit seinem Naturalismus, den hellen Farben und der gefühlvollen Ebene prägte Giotto entscheidend die italienische Malerei. Sein Einfluss zeigt sich in Arbeiten wie den drei *Szenen aus dem Leben der hl. Columna* von Giovanni Baronzio aus Rimini. Andere Werke entstammen der zentralitalieni-schen (Ambrogio Lorenzetti und Andrea di Bartolo) und venezianischen Gotik (Lorenzo Veneziano und Jacopo Bellini). Herrlich: Ambrogio Lorenzettis *Madonna mit Kind* und Gentile da Fabrianos *Valle-Romita-Polyptychon*.

3 Venezianische Renaissance (Säle V–XIV)

Die venezianische Kunst ist unbestritten tonangebend in der Brera. In zehn Sälen finden sich fantastische Werke wie Mantegnas *Toter Christus (siehe S. 12)* und grandiose Gemälde von dessen Schwager Giovanni Bellini. Den Höhepunkt bilden die leidenschaftlichen, in wunderbares Licht getauchten Bilder des Meistertrios der venezianischen Hochrenaissance: Tintoretto, Tizian und Paolo Veronese.

4 Lombardische Renaissance (Säle XV–XIX)

Stars der Abteilung sind die von Raffael und Leonardo beeinflussten Mitglieder der Malerfamilie Campi aus Cremona (16. Jh.). Saal XIX ist ganz den Erben der leonardischen Revolution gewidmet: Il Bergognone und Bernardino Luini.

5 Renaissance der Marken (Säle XX–XXIII)

Hier hängen Werke flämisch beeinflusster Künstler und Ma-

Valle-Romita-Polyptychon

Raffaels Die Vermählung Mariens

Eingang

ler des 15. Jahrhundert aus den Marken, darunter Carlo Crivelli. Sie entwickelten die Gotik der Post-Giotto-Ära im Stil der höfischen Frührenaissance weiter.

6 Toskanische Renaissance (Säle XXIV–XXVII)

Die wenigen präsentierten Gemälde sind überwältigend: Pieros *Montefeltro-Madonna*, Raffaels *Vermählung Mariens (beide siehe S. 13)* und Meisterwerke von Bramante, Signorelli, Bronzino.

7 Bologneser Renaissance, 17. Jahrhundert (Saal XXVIII)

Als sich florentinische und römische Kunst im Manierismus erprobten, hielten die Bologneser an den Idealen der Hochrenaissance fest. In diesem Saal können die klaren Werke von Ludovico Caracci, Il Guercino und Guido Reni bewundert werden.

8 Caravaggio und seine Nachfolger (Saal XXIX)

Caravaggios harte Kontraste und dramatische Spannungen in Gemälden wie *Christus in Emmaus (siehe S. 13)* beeinflussten eine ganze Malergeneration. Hier hängen die Werke einiger ihrer bes-

ten Vertreter: Mattia Preti, Jusepe de Ribera und Orazio Gentilleschi.

9 Barock und Rokoko (Säle XXX–XXXVI)

Ende des 16. Jahrhunderts wandte sich die italienische Kunst von der Renaissance dem Barock zu. Führende Vertreter waren Daniele Crespi und Pietro da Cortona. Der Barock, dessen schwülstige Konventionen sich selbst überlebten, wurde im von Tiepolo und Giuseppe Maria Crespi geprägten Rokoko weiterentwickelt.

10 Malerei, 19. Jahrhundert (Säle XXXVII–XXXVIII)

In diesen Sälen gilt die Aufmerksamkeit hauptsächlich den Monumentalszenen von Francesco Hayez und der pseudo-impressionistischen Macchiaioli-Schule (Fattori, Segantini und Lega).

Modiglianis Porträt Moise Kislings

 Kunstepochen in der Lombardei **siehe S. 49**

15

TOP 10 Castello Sforzesco

Die massive, sonnendurchglühte Bastion ist ein riesiger Komplex, dessen Bau 1451 für Francesco Sforza begonnen und 1893–1904 sowie nach dem Zweiten Weltkrieg weitläufig renoviert wurde. Die hier vereinten, kostenlos zu bewundernden Sammlungen zeigen Kunst vom Frühmittelalter bis zum 18. Jahrhundert, Kunsthandwerk, Musikinstrumente, Kunst des Orients und archäologische Artefakte.

Thronende Madonna mit Heiligen von Mantegna

Haupttor

Top 10 Kunstwerke

1 Pietà Rondanini
2 Grabmal des Gaston de Foix
3 Sala della Asse
4 Thronende Madonna mit Heiligen
5 Madonna mit Kind
6 Poeta laureatus
7 Der Frühling
8 Trivulzio-Gobelins
9 Civico Museo Archeologico
10 Parco Sempione

🔎 Erkundigen Sie sich nach Spezialführungen, bei denen man – bisweilen auch abends – nicht zum Museum zählende, sonst nicht zugängliche Abteilungen des Schlosses oder sogar die Zinnen erkunden kann.

🍴 Die Imbisswagen vor Ort sind überteuert, die benachbarten Bars nicht zu empfehlen. In dem Café in der Via Dante 15 kann man dagegen riesige *panini* und köstliches *gelato* genießen.

• Karte K2 • Piazza Castello, Mailand
• 02-8846-3807
• www.milanocastello.it
• tägl. 9–17.30 Uhr • frei
• einige Säle 2002 bis 2003/4 wegen Renovierung geschlossen; wechselnde Ausstellungssäle

1 Pietà Rondanini, Michelangelo

Die erste Pietà schuf Michelangelo mit 25 Jahren – sie befindet sich im Petersdom in Rom. Auch wenn der Meister berühmt-berüchtigt dafür war, Werke nicht zu vollenden, stand dies bei dieser Pietà *(unten)* außerhalb seiner Macht: 1564 verstarb er 89-jährig buchstäblich mit dem Meißel in der Hand wohl an einem Schlaganfall.

2 Grabmal des Gaston de Foix

Die von il Bambaia 1510 gestalteten Elemente des Grabmals für den Neffen Ludwigs XII., Graf von Nemours, Marschall Frankreichs, postum Held der Schlacht von Ravenna (1512), Herrschers des französisch-mailändischen Herzogtums, sind in alle Welt verstreut *(siehe Kasten)*.

Einer der Trivulzio-Gobelins (der Monat September)

3 Sala della Asse

Leonardo da Vinci gestaltete 1498 das »Bretterzimmer« mit interessanten Trompe-l'Œil-Malereien; geometrische Ranken zieren die Decke. Nur ein monochromes Fragment sich windender Wurzeln zwischen zwei Fenstern ist sicher ein Teil der immer wieder übermalten Originalfresken.

4 Thronende Madonna mit Heiligen, Mantegna

Bellinis berühmter Schwager malte 1492 das großartige Altarbild (links) als eines seiner letzten Werke für eine Kirche in Verona. In dem ruhigen, eher naturalistischen Bild ist Mantegnas kraftvoller Stil altersmilde gezähmt.

5 Madonna mit Kind, Bellini

Das Bild von 1468–70 gewinnt durch anrührende Details wie den perlengefassten rosa Umhang Marias oder die Zitrone in der Hand des Jesuskinds.

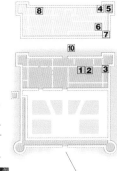

Eingang

Legende

▨ Erdgeschoss

▨ Erster Stock

6 Poeta laureatus, Bellini

Das Porträt von 1475 (unten) wurde Bellini und Antonella da Messina zugeschrieben. Die detailgetreue Wiedergabe des Haars und der Augen erinnert an flämische Malereien.

Das Grabmal des Gaston de Foix

1510 gab König Franz I. ein Grabmal für den jungen Helden in Auftrag. »Il Bambaia« schuf die Skulptur des Soldaten und wunderbare Reliefe. Frankreich zog sich 1522 aus Mailand zurück, das Monument blieb unvollendet. Die Einzelteile wurden verkauft und finden sich heute in der Ambrosiana (siehe S. 19), in Turin und London.

8 Trivulzio-Gobelins

Die Gobelins der zwölf Monate (oben) wurden von Bramantino 1503 entworfen und nach dem Auftraggeber der Kunstwerke, General Gian Giacomo Trivulzio, benannt.

9 Civico Museo Archeologico

Die Exponate reichen von lombardischen Artefakten aus der Altsteinzeit bis zu Funden von Italiens letzten Kelten aus dem 1. Jahrhundert v. Chr. (siehe S. 85).

7 Der Frühling, Arcimboldo

Arcimboldo malte u. a. metaphorische »Porträts«, hier den durch Früchte und Blumen als allegorisches menschliches Profil personifizierten »Frühling«.

10 Parco Sempione

Der 47 Hektar große, seit 1893 öffentliche Park nordwestlich des Schlosses ist Mailands einzige grüne Lunge. Hier finden sich schöne Jugendstilbauten aus dem frühen 20. Jahrhundert.

Pinacoteca Ambrosiana

Kardinal Borromeo gründete 1603 diese Bibliothek (etwa 35 000 Bände und 750 000 Drucke) und Gemäldegalerie, nachdem er Jahre in römischen Künstlerkreisen verbracht hatte. In der Ambrosiana kann man Werke von Tiepolo, Francesco Hayez und Jan Breughel bewundern sowie theologische Probleme mithilfe akademischer Schriften und von Kunstwerken ergründen – eine wahrliche Renaissance-Verbindung von Religion, Geist und Kunst.

Blick in den Hof

🎫 Für die Ambrosiana, das Museo Diocesano und das Museo del Duomo sind Sammeleintrittskarten erhältlich.

🍴 In der nahen Via Spadari finden sich das kulinarische Mekka Peck *(siehe S. 68)* und riesige tavole calde (Bars).

- Karte L4
- *Piazza Pio XI 2, Mailand*
- 02-806-921
- *www.ambrosiana.it*
- *Di–So 10–17.30 Uhr*
- *Eintritt 7,50 €*

Top 10 Kunstwerke

1. Madonna del Padiglione
2. Bildnis eines Musikers
3. Codex Atlantico
4. Anbetung der hl. drei Könige
5. Heilige Familie
6. Ruhe auf der Flucht nach Ägypten
7. Entwurf für die Schule von Athen
8. Obstkorb
9. Landschaft mit hl. Paul
10. Detail vom Grabmal des Gaston de Foix

Seite des Codex Atlantico

1 Madonna del Padiglione, Botticelli

Das Gemälde zeigt Maria, Jesus und Engel in einer ländlichen Idylle *(unten links)*. Es entstand nach 1490, nachdem sich Botticelli nach einer religiösen Glaubenskrise von den mythologischen Szenen seiner brillanten Jugendwerke abwendete.

3 Codex Atlantico, Leonardo

Reproduktionen von Seiten dieser überdimensionalen Bände *(oben)* sind in Glastischen ausgestellt. Sie sind voller eindrucksvoller Skizzen aus Leonardo da Vincis Feder.

2 Bildnis eines Musikers, Leonardo

Das in Pose und Detail flämisch anmutende Porträt *(rechts)* durchzieht ein für da Vinci typischer psychologischer Unterton. Das Bild stellt trotz vieler Spekulationen wohl einen Musiker vom Hof der Sforza dar. Es stammt fast sicher von Leonardo da Vinci, wurde aber wahrscheinlich retuschiert.

Leonardo da Vincis technische Erfindungen **siehe S. 40, 93**

4 Anbetung der hl. drei Könige, Tizian

Das Bild (1560) vom höfischen Kniefall der drei Könige, die die Zehen des Jesuskindes in der Krippe küssen, gehörte zur Sammlung von Kardinal Frederico Borromeo, der es als »eine Schule für Maler« beschrieb.

5 Heilige Familie, Luini

Das Bild wirkt vertraut, weil sich Luini in seinen Anfangsjahren fast sklavisch an den Stil seines Lehrers Leonardo da Vinci anlehnte. Tatsächlich basiert das Gemälde auf einer berühmten Zeichnung des Meisters.

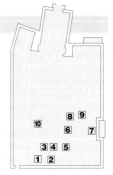

6 Ruhe auf der Flucht nach Ägypten, Bassano

Der venezianische Meister Jacopo Bassano schuf dieses eindrucksvolle Werk (unten) 1547 in dicht komponierter, kontrastreicher Farbenvielfalt.

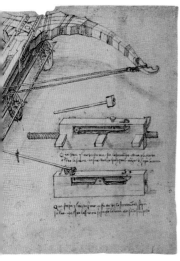

7 Entwurf für die Schule von Athen, Raffael

Entwurfszeichnung für das berühmte Fresko der griechischen Philosophen mit Gesichtern von Renaissance-Künstlern (unten).

8 Obstkorb, Caravaggio

Dieses Stillleben erwarb der Kardinal wohl während seines Aufenthalts in Rom. Es zeigt, wie der erst 25-jährige Caravaggio bereits seinen hyperrealistischen Stil perfektionierte, den er bald darauf auf großen Gemälden und in komplexen Szenen anwenden sollte.

9 Landschaft mit hl. Paul, Bril

Auf dem dramatischsten der über einem halben Dutzend ausgestellten Werke Brils verbindet der Maler eine der beliebtesten Sakralszenen des 17. Jahrhunderts mit der von ihm geliebten, aufwändig ausgeführten Landschaftsmalerei.

10 Detail vom Grabmal des Gaston de Foix, Bambaia

Il Bambaia gestaltete die kleinen Marmorpaneele mit zarten Figuren, die Militaria und mythologische Gestalten umgeben. Sie sind als außergewöhnlich hohe Reliefe gearbeitet. Der Großteil des hier zum Teil gezeigten Monuments findet sich im Castello Sforzesco (siehe S. 16f).

Raffaels Offenbarung

Im Fresko Schule von Athen räkelt sich der als Heraklit gemalte Michelangelo in der Mitte der Treppe. Dieses Detail fehlt in der Skizze, denn Raffael fügte den Kollegen erst in das halb fertige Werk ein, nachdem er die Sixtinische Kapelle gesehen hatte, die ihn zutiefst beeindruckte.

Raffaels Schule von Athen http://home.t-online.de/home/ henkaipan/athen.htm

Sant'Ambrogio

Die 379 vom heiligen Ambrosius gegründete Basilika zählt zu den ältesten Gotteshäusern Mailands und diente als Vorbild für die meisten Mailänder Kirchen des Frühmittelalters. Sie wurde im 9. Jahrhundert vergrößert, der heutige Bau stammt v.a. von 1080. Sant'Ambrogio stieg zu Mailands zu beliebtester Kirche auf, als der spätere Stadtpatron Ambrosius 397 hier begraben wurde. Die Sehenswürdigkeiten sind auf Englisch und Italienisch beschildert.

Hauptschiff

⚙ **Die schönsten transportierbaren Objekte des Kirchenschatzes und kleinen Kirchenmuseums sind heute im Museo Diocesano ausgestellt *(siehe S. 93)*.**

❷ **Empfehlenswert ist das nahe Jugendstilcafé Bar Magenta in der Via Carducci 13 *(siehe S. 65)*.**

• Karte K4
• Piazza Sant'Ambrogio 15, Mailand, 02-8645-0895, Mo–Sa 7.30–12, 14.30–19 Uhr, So 7–13, 15–20 Uhr; frei
• San Vittore in Ciel d'Oro: tägl. 9.30–11.45, 14.30–18 Uhr; Kirche frei, Museum Eintritt 2 €

Top 10 Details

1. Atrium
2. Fassade
3. Schlangensäule
4. Auferstandener Christus
5. Stilicho-Sarkophag
6. Kanzel
7. Goldener Altar
8. Ziborium
9. Apsismosaiken
10. Sacello di San Vittore in Ciel d'Oro

Atrium
1 Die Besonderheit des Baus zeigt sich auch in dem schönen, länglichen Atrium *(unten)* zwischen Eingang und Kirche. Es wurde 1088–99 angelegt. Fantastische Szenen zieren die Säulenkapitelle (6. Jh.).

Fassade
2 An der strengen, ausgewogen gestalteten Fassade *(rechts)* finden sich in der oberen Loggia fünf Rundbögen. Sie flankieren die Campanile dei Monaci (Glockenturm der Mönche, 9. Jh.) und links der Campanile dei Canonici (Kanonikerturm, 1144).

Auferstandener Christus, Bergognone
4 Das klar gestaltete Spätrenaissance-Werk (15. Jahrhundert) befand sich erst an der Wand rechts vom Altar (wo die Trompe-l'Œil-Malerei besser passte). Sie wurde später in die erste Kapelle auf der linken Seite verbracht.

Goldener Altar

Schlangensäule
3 Beim dritten Pfeiler links steht die von einer als Schnörkel geformten Bronzeschlange bekrönte Säule, eine byzantinische Arbeit aus dem 10. Jahrhundert (obwohl die Schlange angeblich von Moses gegossen wurde).

Mehr Kirchen siehe S. 38f

Kanzel
6 Das Meisterwerk aus romanischen Reliefpaneelen (11. und frühes 12. Jh.) wurde nach dem Einbrechen der Kirchendecke im Jahr 1196 gerettet und in der Kanzel wieder erbaut *(links)*.

Stilicho-Sarkophag
5 Der spätrömische Sarkophag *(oben)* ist älter als die um ihn herum gebaute Kanzel *(Eintrag 6)*. Das Grab ist parallel zu den Originalmauern ausgerichtet, die Kanzel zum Schiff.

Goldener Altar
7 Dieser Altar wurde 835 von Meister Volvinio geschaffen. Getriebene, vergoldete Silberreliefe erzählen an der Vorderseite vom Leben Christi und an der Rückseite vom heiligen Ambrosius.

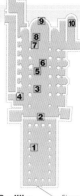

Basilika-Grundriss   *Eingang*

Ziborium
8 In der Mitte des Chors tragen vier antike römische Säulen einen Altarbaldachin *(unten)* mit vier polychromen lombardischen Stuckreliefen aus dem 10. Jahrhundert.

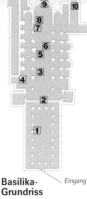

Der heilige Ambrosius

Mailands Stadtpatron Ambrosius (340–397), ab 374 Erzbischof, ließ die vier großen Basiliken der Stadt – Sant'Ambrogio, San Lorenzo, San Nazaro und San Simpliciano – erbauen. Ambrosius war der Lehrer des heiligen Augustinus (den er taufte) und regierte die Stadt als Bischof. Bereits kurz nach seinem Tod wurde er heilig gesprochen.

Apsismosaiken
9 Das riesige, farbenprächtige Mosaik des Christus Pantokrator *(oben)* entstand vornehmlich im 4.–8. Jahrhundert und wurde vom 17. bis 20. Jahrhundert ergänzt und ausgebessert – v.a. nach Bombardierungen 1943, die die halbe Christusfigur und den linken Erzengel zerstörten.

Sacello di San Vittore in Ciel d'Oro
10 Sant'Ambrogio entstand über einem frühchristlichen Friedhof mit einer Kapelle, deren Kuppel im 5. Jahrhundert mit fast massiven Goldmosaiken verziert wurde. Kapelle und Mosaiken wurden mit der Basilika umbaut.

➡ *Weitere Mailänder Bauten* **siehe S. 36f**

21

Isole Borromee im Lago Maggiore

Zu den Isole Borromee gehören die »Schöne Insel« Isola Bella, die »Mutterinsel« Isola Madre und die Isola Superiore (auch Isola dei Pescatori, »Fischerinsel«). Die Familie Borromeo verwandelte im 16. und 17. Jahrhundert die Inseln Bella und Madre in Garten- und Palastlandschaften. Reisende mit wenig Zeit sollten die Isola Bella besuchen, auch wenn ihre formal angelegten Gärten botanisch weniger interessant als jene der Isola Madre sind.

4 Isola Bella: Grotten
Künstliche Grotten waren im 18. Jahrhundert en vogue *(oben)*. Diese hier sind mit Muscheln und Steinen in komplizierten Schwarz-Weiß-Mustern dekoriert.

Gärten auf der Isola Madre

🕐 An den Anlegestellen in Stresa gibt es zusammen mit dem Fährticket günstige Eintrittskarten.

Die Gärten der Isola Bella sind ganztägig geöffnet, aber nur durch den Palazzo zugänglich (12–13.30 Uhr geschlossen).

🍴 Am Kai der Isola Bella locken viele Cafés. Das Café Lago bietet *panini*, Kaffee, Bier und im Hintergrund Rockmusik.

• Karte A2
• Zugang über die Anlegestellen der Fähren in Stresa (siehe S. 99)
• www.borromeoturismo.it
• Isola Bella 0323-30-556, 22. März–26. Okt tägl. 9–17.30 Uhr (Okt bis 17 Uhr), Eintritt 8,50 €
• Isola Madre 0323-31-261, 22. März–26. Okt tägl. 9–17.30 Uhr (Okt bis 17 Uhr), Eintritt 8,50 €

Top 10 Attraktionen

1. Isola Bella: Palazzo Borromeo
2. Isola Bella: Sala di Musica im Palazzo
3. Isola Bella: Gobelins im Palazzo
4. Isola Bella: Grotten
5. Isola Bella: Grabmäler der Borromeo
6. Isola Bella: Gärten
7. Isola Madre: Villa Borromeo
8. Isola Madre: Botanische Gärten
9. Isola Madre: Kaschmirzypresse
10. Isola Superiore

1 Isola Bella: Palazzo Borromeo
Der riesige Palazzo und die Gärten *(unten)* dominieren die Insel. Der Palast stammt v. a. aus dem 17. Jahrhundert, wurde jedoch erst 1959 vollendet. Stuckdecken, Einlegearbeiten, Leuchter aus Muranoglas und Malereien zieren die prächtigen Säle.

Die Gärten der Isola Bella

2 Isola Bella: Sala di Musica im Palazzo
Der bedeutende Saal heißt nach der Sammlung alter Musikinstrumente. Hier konferierten am Vorabend des Zweiten Weltkriegs Mussolini, der französische Minister Pierre Laval und der britische Premierminister Ramsay.

3 Isola Bella: Gobelins im Palazzo
Die detailverliebten flämischen Gobelins (16. Jh.) variieren ein beliebtes mittelalterliches Thema: das Einhorn (zugleich das Wappentier der Borromeo).

5 Isola Bella: Grabmäler der Borromeo

Die »Privatkapelle« (1842–44) ist ein Mausoleum für die im Stil der Spätgotik/Frührenaissance errichteten Familiengräber sowie das 1522 von Renaissance-Meister il Bambaia gestaltete Monument der Brüder Birago.

6 Isola Bella: Gärten

Auf der höchsten Terrasse *(links)* thront ein Einhorn, Balustraden mit Statuen begrenzen die Terrassen, und über die Rasenflächen stolzieren weiße Strauße.

7 Isola Madre: Villa Borromeo

Diese Sommervilla wurde 1518–85 erbaut. Heute ist sie ein Museum mit in der Livree der Borromeo gekleideten Puppen und Exponaten aus Puppentheatern.

8 Isola Madre: Botanische Gärten

In den überwältigenden Gärten *(oben)* der Villa Borromeo gedeihen üppige tropische Pflanzen. Ein Inselspaziergang führt an seit dem 19. Jahrhundert berühmten Azaleen, Rhododendren und Kamelien vorbei.

9 Isola Madre: Kaschmirzypresse

Europas größte Zypresse ist über 200 Jahre alt. Der orientalische Nadelbaum kann in einem Hof neben der Villa Borromeo bewundert werden.

10 Isola Superiore

Die Borromeo beachteten die auch Isola dei Pescatori genannte Insel *(rechts)* wenig. Während auf den anderen Inseln üppige Garten-Palast-Landschaften entstanden, wandelte sich das hiesige Fischerdorf nur langsam zur Touristenattraktion.

Die Borromeo

Die Borromeo betrieben pro-mailändische Politik in der Toskana, als sie 1395 den Aufstieg der Visconti finanzierten. Zum Aufbau eines paneuropäischen Finanzimperiums kauften sie 1447 das Lehen Arona. Sie taktierten sich durch die politischen Turbulenzen jener Ära, betrieben eine kluge Heiratspolitik, verbanden sich mit den Sforza und gewannen die Kontrolle über den Lago Maggiore. Noch heute sind die Inseln im Besitz der Familie.

Ein Tagesausflug einschließlich Isole Borromee siehe S. 101

TOP 10 Certosa di Pavia

Gian Galeazzo Visconti gründete die Kartause acht Kilometer nördlich von Pavia 1396 als großes Familienmausoleum. Das im 16. Jahrhundert unter den Sforza vollendete Kloster ist einer der großen Renaissance-Bauten der Lombardei. Nach dem Verbot der Kartäuser 1782 wurde es verlassen und in der Folge immer wieder kurze Zeit bewohnt. 1968 zogen hier Zisterzienser ein.

Fassade der Certosa

🔄 An Wochenenden wird die Certosa von Besuchern überrannt.

Hinter den Eisenschirm (1660) am Ende des Kirchenschiffes gelangt man, indem man einer der geführten Gruppen zu den Gräbern und Kreuzgängen folgt.

🍴 In der Umgebung der Certosa gibt es keine Gastronomie. Entweder bringt man ein Picknick mit oder fährt nach Pavia.

• Karte C5 • Via del Monumento 4, Pavia
• 0382-925-613
• Okt–März Di–So 9–11.30 Uhr, 14.30–16.30 Uhr; Apr Di–So 9–11.30 Uhr, 14.30–17.30 Uhr; Mai–Sep 9–11.30 Uhr, Di–So 14.30–18 Uhr • frei

Top 10 Details

1 Fassade
2 Peruginos Altarbild
3 Bergognones Werke
4 Heiliger Ambrosius mit Heiligen
5 Grabmal für Lodovico il Moro und Beatrice d'Este
6 Elfenbeinaltar
7 Grabmal des Gian Galeazzo Visconti
8 Großer Kreuzgang
9 Kleiner Kreuzgang
10 Klosterladen

1 Fassade
Eine Besonderheit ist die überreich geschmückte Fassade *(oben links)* aus buntem Marmor, eines der wichtigsten und charakteristischsten Beispiele italienischer Architektur des späten 15. Jahrhunderts. Die ersten Arbeiten entstanden 1473–99, der obere Teil wurde 1525 begonnen, doch nie vollendet.

2 Peruginos Altarbild
Von dem Original-Altarbild des umbrischen Meisters Perugino, Lehrer Raffaels, ist nur das mittlere Bild des segnenden Gottvaters (1499) hier verblieben. Die Seitenbilder stammen von Bergognone, darunter befinden sich Reproduktionen der anderen Gemälde Peruginos aus dem 16. Jahrhundert.

Der kleine Kreuzgang

3 Bergognones Werke
Hauptkünstler der Certosa ist Bergognone. Er schuf Altarbilder in drei Kapellen, Teile an Peruginos Altarbild sowie die Fresken der siebten Kapelle rechts *(Detail oben)* und an den Enden der Transepte in leuchtendem Lapislazuli-Blau.

4 Heiliger Ambrosius mit Heiligen

Bergognones Altarbild (sechste Kapelle links) von 1492 zeigt den zwischen vier Heiligen thronenden Ambrosius. Die Gruppe wurde in illusionistischer Manier gemalt, als sei sie in der Kapelle anwesend.

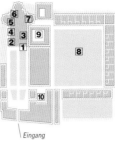

Eingang

5 Grabmal für Ludovico il Moro und Beatrice d'Este

Das bekannteste Kunstwerk der Certosa ist das leere Grabmal *(siehe Kasten)* mit den erstaunlich lebensechten, liegenden, feierlich gewandeten Skulpturen des Paares *(oben, rechts)*, die Cristoforo Solari 1497 schuf.

7 Grabmal des Gian Galeazzo Visconti

Das 1492–97 von Gian Cristoforo Romano gestaltete Grabmal des Gründers der Kartause zieren Szenen aus dem Leben des Herzogs Visconti. Der Sarkophag stammt von Andrea Alessi, die Figuren *Jungfrau*, *Ruhm* und *Sieg* wurden Mitte des 16. Jahrhunderts hinzugefügt.

6 Elfenbeinaltar

Der Florentiner Bildhauer Baldassare degli Embriachi schnitzte das Elfenbeintriptychon (1400–09) mit 76 Fächern und über 100 Statuetten. Der Diebstahl des Altars 1984 bewirkte die Überführung eines internationalen Kunsträuberringes bei Neapel. Der leicht beschädigte Schatz konnte gerettet werden.

Ein Grab findet heim

Das Schicksal des Grabes von Lodovico il Moro und Beatrice d'Este zeigt, dass auch die ausgefeiltesten Pläne mächtiger Männer fehlschlagen können. Der Herzog und seine Frau sollten zusammen in Mailands Santa Maria delle Grazie (wo gerade das *Abendmahl* vollendet worden war) begraben werden. Doch Lodovico verstarb im französischen Exil, sodass man nur seine Frau in Mailand begrub. Da die Kirche unter Geldmangel litt, verkaufte sie das Grabmal 1564 an die Certosa.

8 Großer Kreuzgang

An dem großen, von Arkaden begrenzten Kreuzgang *(unten)* leben Zisterziensermönche in gemütlichen zweistöckigen Häuschen, an deren Rückseite sich ummauerte Gärten erstrecken.

9 Kleiner Kreuzgang

Die reizenden Arkaden unterhalb der imposanten Kirche gestaltete Guiniforte Solari als Versammlungs- und Kontemplationsraum für die Mönche.

10 Klosterladen

Hier kann man köstliche Kräuterliköre, Kräuterseifen und andere Produkte aus der klostereigenen Produktion erwerben.

Mehr Informationen über Pavia siehe S. 46

TOP 10 Bergamo

In diesem norditalienischen Juwel gehen mittelalterlicher Charme und ein breites Kulturangebot eine faszinierende Verbindung ein, die viele Intellektuelle des Landes anzieht. Bereits zu Zeiten Roms war Bergamo geteilt: Die civitas*, die heutige mittelalterliche Oberstadt, schmiegte sich an den Berggipfel, die Unterstadt* suburbia *erstreckte sich dagegen in die Ebene.*

Baptisterium

🐾 **Vom Bahnhof fahren die Buslinien 1 und 1A kostenlos in die Oberstadt zur Haltestelle Funicolare Bergamo Alta.**

🍴 **Das Caffè del Funiculare bietet tolle Aussicht sowie über 50 Bier- und 100 Whiskysorten** *(Cafés siehe auch S. 128f).*

- • Karte D3
- • Information, Oberstadt: Vicolo Aquila Nera 2 (bei Via Colleoni und Piazza Vecchia) • 035-232-730
- • www.apt.bergamo.it
- • Basilika tägl. 9–12 Uhr (Sa, So bis 13 Uhr), 15–18 Uhr; Nov–März Mo–Fr bis 16.30 Uhr; frei
- • Museo Donizettiano Di–So 10–13 Uhr, 14.30–17 Uhr; Okt–März an Werktagen nachmittags geschl.; frei
- • Castello tägl. 9 Uhr bis Dämmerung; frei
- • Galleria d'Arte Di–Fr 9–12.30, 14.30–18 Uhr, Sa, So 9–19 Uhr; Okt–März bis 17.30 Uhr; frei
- • Galleria dell'Accademia Carrara Di–So 9.30–13, 14.30–18.45 Uhr (Okt–März bis 17.45 Uhr); Eintritt 2,58 €

Top 10 Attraktionen

1. Piazza del Duomo
2. Piazza Vecchia
3. Cappella Colleoni
4. Basilica di Santa Maria Maggiore
5. Museo Donizettiano
6. Via Colleoni
7. Castello
8. Galleria d'Arte Moderna e Contemporanea
9. Galleria dell'Accademia Carrara
10. Teatro Donizetti

1 Piazza del Duomo

Den Platz beherrscht großartige Architektur: der Eingang zu Santa Maria Maggiore, die Fassade der Capella Colleoni und ein auffälliges Baptisterium *(oben links)* von 1340.

2 Piazza Vecchia

Um den mehr als reizenden Platz *(oben rechts)* scharen sich mittelalterliche Steinhäuser, Renaissance-Palazzi, ein Turm aus dem 12. Jahrhundert und zahlreiche historische Cafés.

Piazza Vecchia

3 Cappella Colleoni

Die fein gestaltete Capella Colleoni *(links)* an der mit der Piazza del Duomo verbundenen Piazza Vecchia ist Bergamos Condottiere Bartolomeo Colleoni gewidmet. Reliefe und Rokokofresken zieren die Kapelle aus rosa-weiß gemustertem Marmor.

4 Basilica di Santa Maria Maggiore

In der Basilika *(links)* bedecken Fresken die Mauern. An der Rückwand steht das Grabmal des Komponisten Gaetano Donizetti. Die hölzernen Brüstungsfelder des Chores mit den herrlichen Intarsien stammen von Lorenzo Lotto.

 Bergamo im Internet **www.idro.de/bergamo.htm**

5 Museo Donizettiano

Das Museum präsentiert Originalpartituren, Klavier *(links)* und andere Erinnerungsstücke von Gaetano Donizetti. Bergamos großer Komponist verstarb hier 1848 an der Syphilis.

6 Via Colleoni

Die Hauptstraße der Oberstadt säumen Läden und Weinbars, bescheidene mittelalterliche Bauten und Kirchen, kleine Plätze und Fachwerkhäuser. In der fast ganz für den Verkehr gesperrten Zone drängen sich Einheimische und Gäste.

7 Castello

Von der Burg, die die Venezianer im 16. und 17. Jahrhundert im Dörfchen San Vigilio auf Bergamos Hügel errichteten, stehen heute nur noch überaus romantisch zerfallene Ruinen. Der öffentliche Park bietet schöne Ausblicke.

8 Galleria d'Arte Moderna e Contemporanea

Das Museum für moderne Kunst zeigt in Wechsel- und in permanenter Ausstellung Meisterwerke von Kandinsky und führenden italienischen Künstlern des 20. Jahrhunderts: Fattori, Boccioni, De Chirico und Morandi.

9 Galleria dell'Accademia Carrara

Der Ruhm der exzellenten Galerie gründet auf grandiosen Arbeiten von Lorenzo Lotto aus dem 16. Jahrhundert sowie von Raffael, Botticelli *(oben)*, Bellini und Mantegna.

10 Teatro Donizetti

Das Theater mit der Fassade von 1897 wurde 1792 errichtet. Wundervoll erhalten sind die klassizistischen Interieurs. Hier werden während der Saison Opern-, Ballett- und Theateraufführungen inszeniert.

Die Unterstadt

Nur wenige Besucher erkunden die breiten Straßen der Unterstadt. Diese war zwar bereits in römischer Zeit besiedelt, wurde jedoch v. a. im 20. Jahrhundert angelegt. Die Hauptstraße in diesem geschäftigen Stadtteil ist der Sentierone. Hier treffen sich viele Einheimische abends zum Bummel und in den Cafés.

Ziele rund um Bergamo siehe S. 126f

10 Mantova (Mantua)

Mantua lockt mit traumhaften Palazzi und Meisterwerken von Mantegna und Giulio Romano. Die Stadt liegt in der Umgebung von drei künstlich angelegten, flachen Seen mit sumpfigen Ufern. Sie bewirken, dass in Mantua ein feuchtes Klima und eine leicht melancholische Atmosphäre herrscht. Die Stadt, in der 70 v. Chr. der Dichter Vergil geboren wurde, kam 1328 unter die Herrschaft der Gonzagas, deren Macht erst 1708 von Österreich gebrochen wurde.

Fresko im »Windsaal« im Palazzo Te

🚲 **Am besten erkundet man Mantua mit dem Fahrrad** (Verleih: La Rigola am Lungolago dei Gonzaga).

☕ **Das Caffè Miró liegt an einer Piazza vor Sant'Andrea** *(Cafés siehe auch S. 128f).*

- Karte H6
- Information: Piazza Mantegna 6, Mantova
- 0376-328-253
- www.aptmantova.it
- Duomo tägl. 7.30–12, 15–19 Uhr; frei
- Palazzo Ducale Di–So 8.45–19.15 Uhr; Eintritt 0,50 €
- Sant'Andrea tägl. 7.30–12, 15–19 Uhr; frei
- Rotonda tägl. 10–12, 15–17 Uhr; Spende
- Teatro Di–So 9.30–12.30, 17–18 Uhr; Eintritt 2 €
- Palazzo d'Arco Di–So 10–12.30, 14.30–17.30 Uhr; Eintritt 3 €
- Casa di Mantegna Mo–Fr 10–12.30 Uhr, Di–So 15–18 Uhr; frei
- Palazzo Te Di–So 9–18 Uhr, Mo 13–18 Uhr; Eintritt 8 €

Top 10 Attraktionen

1. Duomo
2. Palazzo Ducale
3. Piazza Broletto
4. Piazza delle Erbe
5. Basilica di Sant'Andrea
6. Rotonda di San Lorenzo
7. Teatro Scientifico Bibena
8. Palazzo d'Arco
9. Casa di Mantegna
10. Palazzo Te

1 Duomo
Die gotische Kathedrale mit der spätbarocken Fassade *(rechts, 1756)* wurde innen von Giulio Romano frühchristlichen Basiliken ähnlich gestaltet.

2 Palazzo Ducale
Gonzagas gewaltiger Festungspalast *(oben)* präsentiert herrliche Gobelins von Raffael sowie Mantegnas *Camera degli Sposi*-Fresken (1465–74).

3 Piazza Broletto
Den kleinen mittelalterlichen Platz nördlich der Piazza delle Erbe säumen der *broletto* (Rathaus) von 1227 und der Palazzo Bonacolsi.

Duomo, Piazza Sordello

4 Piazza delle Erbe
Die arkadengesäumte Piazza delle Erbe *(unten)* ist ein herrlich bunter, quirliger Stadtplatz. Zwischen dem faszinierenden Gebäudeensemble findet jeden Morgen ein Markt statt.

5 Basilica di Sant'Andrea

Lodovico Gonzaga beauftragte Leon Battista Alberti 1470 mit dem Bau der herrlichen Basilika mit der klassizistischen Fassade *(links)*. In der ersten Kapelle links liegt Mantegnas Grab.

6 Rotonda di San Lorenzo

Das schöne Innere der Rundkirche (1082), ein Relikt aus einer früheren Ära, ist bis auf Reste eines mittelalterlichen Freskos nur aus Ziegeln gestaltet.

7 Teatro Scientifico Bibena

Das spätbarocke Theaterjuwel heißt nach seinem Architekten. Es wurde 1770 mit einem Konzert von Mozart eingeweiht, der damals gerade mal 13 Jahre alt war.

8 Palazzo d'Arco

In dem klassizistisch umgebauten Renaissance-Palazzo findet sich in einem Flügel (15. Jh.) die mit astrologischen Fresken ausgemalte Sala del Zodiaco (1520).

Bootsfahrten

Die Gonzagas regulierten den Mincio so, dass Mantua von drei schützenden Seen umgeben wurde, die heute in den 1920er Jahren eingeführte Lotusblumen zieren. Die geschützten, fischreichsten Gewässer Italiens bieten mit ihren Schilfgürteln Lebensraum für Wasservögel und sind am schönsten Ende Mai und im Juni. Bootsausflüge bietet Negrini, Via S. Giorgio 2, (0376-322-875).

9 Casa di Mantegna

Mantuas berühmtester Künstler, Andrea Mantegna (1431–1506), erbaute das »maßgeschneiderte« Haus mit Atelier 1466–74. Sehenswert: der runde Hof *(links)* und das Porträt, das sein Freund Tizian von ihm malte.

10 Palazzo Te

Giulio Romanos genial konzipiertes manieristisches Meisterwerk (1525, *rechts*) besteht aus weiten Höfen, ausladenden Gebäuden und lauschigen Gärten. Die Fresken sind v.a. von Romano.

Ausgehen und einkaufen in Mantua siehe S. 128f

Links **Papst Alexander III. trifft Barbarossa** Rechts **Benito Mussolini**

🔟 Historische Ereignisse

1 298–283 v.Chr.: Dritter Samnitenkrieg

In der von den Römern Gallia Cisalpina genannten Region in und nördlich der Poebene lebten Kelten, die sich gegen Rom erhoben. Nach dem Scheitern ihrer Allianz mit den Samniten verschob Rom seine Grenzen nach Norden.

2 313: Edikt von Mailand

Im späten Römischen Reich wurde Mailand die Hauptstadt Westroms. Hier regierte Kaiser Konstantin, der 313 das Christentum als Religion anerkannte und damit die Weichen für Europas weitere Entwicklung stellte.

3 572: Pavia fällt an die Langobarden

Im 5. Jahrhundert überrannten Hunnen und germanische Stämme brandschatzend das sich auflösende Römische Reich. 572 eroberten die germanischen Langobarden Pavia, siedelten sich in der Poebene an und expandierten in Norditalien. Nach der langobardischen Niederlage gegen Karl den Großen zerfiel die Region in zahlreiche Stadtstaaten.

4 1176: Lombardischer Bund besiegt Barbarossa

Nach seiner Eroberung Mailands setzte Kaiser Friedrich I. Barbarossa Gefolgsleute als Regenten ein. Die Stadtstaaten der Region schlossen sich im Gegenzug zum Lombardischen Bund zusammen, der mit päpstlichem Segen Barbarossas Heer besiegte.

5 1277: Ottone Visconti stürzt die della Torre

Nach dem Sieg des Erzbischofs Visconti über die Familie della Torre 1277 dehnte Mailand in den folgenden 160 Jahren unter den Visconti seine Hegemonie aus.

6 1450: Francesco Sforza übernimmt die Macht

Der letzte Visconti starb 1447. Seine einzige, uneheliche Tochter wurde mit Francesco Sforza verheiratet. Dieser sollte eigentlich die junge Mailänder Ambrosianische Republik vor der Übernahme durch Venedig schützen. Doch Sforza klüngelte mit Venedig: Er teilte das Territorium auf und erklärte sich zum Herzog.

Im Jahr 572 geriet Pavia unter langobardische Herrschaft

Vorherige Doppelseite **Leonardo da Vincis** *Abendmahl (siehe S. 8f)*

7 1499: Die Sforza treten Mailand an Frankreich ab

Nach der Ermordung von Francescos Sohn Galeazzo Maria 1476 regierte dessen Bruder Lodovico »Il Moro« (»der Mohr«). Er brachte die Renaissance nach Mailand, indem er Größen wie Leonardo da Vinci an seinen Hof lud. 1499 musste er die Regierung an Ludwig XII. abtreten. Die Stadt unterstand in Folge verschiedenen Mächten, bis 1706 Österreich die Herrschaft übernahm.

8 1848: Aufstand der 5 Tage

Im *Risorgimento*, der Ära der italienischen Vereinigungsbewegung, wurden im »Aufstand der 5 Tage« (18.–22. März 1848) die österreichischen Truppen aus Mailand vertrieben. Ab 1859 kontrollierte König Vittorio Emanuele II. die Lombardei: Er befahl General Garibaldi die Eroberung der Territorien, die vereint ein neues Königreich bilden sollten – Italien.

9 1945: Mussolini gerichtet

Die Niederlage im Zweiten Weltkrieg beendete das mit Hitler verbündete faschistische Regime Mussolinis, der mit seiner Geliebten floh. Das Paar wurde beim Comer See von Partisanen gefangen und erschossen, die Leichen auf der Mailänder Piazzale Loreto aufgehängt und gesteinigt.

10 1990: Lega Lombarda gewinnt Lokalwahlen

Der Unwillen Norditaliens, seinen Wohlstand mit dem ärmeren Süden zu teilen, fand in der separatistischen, seit 1990 erfolgreichen Partei Lega Lombarda politischen Ausdruck. Als Teil der rechten, föderal eingestellten Lega Nord kam sie 2001 in der Mitte-rechts-Koalition Forza Italia unter der Führung des Medienmoguls Silvio Berlusconi an die Macht.

Top 10 Historische Persönlichkeiten

1 Hl. Ambrosius (334–397)
Der Kirchenlehrer beendete die arianische Häresie und stritt für die Kirchenautonomie.

2 Hl. Augustinus (354–430)
Der Kirchenvater aus Afrika war der Starschüler von Ambrosius.

3 Theodolinde (um 500)
Die langobardische Königin erhob das orthodoxe Christentum zur Staatsreligion.

4 Gian Galeazzo Visconti (1378–1402)
Der Eroberer großer Gebiete war Mailands erster Herzog.

5 Lodovico »Il Moro« Sforza (1452–1508)
Der Renaissance-Regent gab die Macht an Frankreich ab, wandte sich später gegen die Franzosen und ging ins Exil.

6 San Carlo Borromeo (1538–1584)
Der Erzbischof kämpfte für die norditalienische Gegenreform.

7 Antonio Stradivari (1644–1737)
Der größte Geigenbauer aller Zeiten erlernte sein Handwerk in Cremona.

8 Alessandro Volta (1745–1827)
Der Physiker aus Como erfand 1800 die Batterie und verlieh einer elektrischen Maßeinheit ihren Namen: Volt.

9 Antonio di Pietro (geb. 1950)
Sein Kampf gegen politische Korruption verursachte 1992 den Zusammenbruch der Democrazia Cristiana.

10 Silvio Berlusconi (geb. 1936)
Unbeschädigt übersteht der Gründer der Forza Italia, 1994 und 2001 zum Premier gewählt, alle Politskandale.

Berühmte Künstler der Lombardei **siehe S. 48f**

Links **Plakat der Scala** Mitte **Haute-Couture-Boutique** Rechts **Panini an der Bar**

TOP 10 Typisch lombardisch

Steinerner Wald: Auf dem Dach des Duomo

1 Ausflug auf das Dach von Mailands Duomo

Stromern Sie auf dem Dach des Doms durch einen Wald aus gotischen Skulpturen und Strebepfeilern, wandern Sie entlang der Simse und kraxeln Sie auf das geneigte Dach des Hauptschiffs, wo Sie ein überwältigendes Panorama erwartet *(siehe S. 10f)*.

2 Ein Einkaufsbummel in Mailand

Mailand zählt zu den Weltzentren der Mode. Im Quadrilatero d'Oro, dem »Goldenen Viereck« des Modeviertels in der Metropole, residieren Dutzende der großen Namen der Haute Couture *(siehe S. 57ff)*. Neben Mode locken Designer-Artikel, Seide aus Como, edle Weine und Delikatessen.

3 Imbisstour durch die Cafés

Wenn um etwa 17 Uhr in den Büros die Stifte auf die Tische fallen, rüsten sich Mailänder Bars und Cafés mit Platten voller Mini-Sandwiches, Kanapees, Oliven und Chips. Wer zumindest ein Getränk bestellt, kann die Leckereien kostenlos naschen. Bei einem Barbummel wird man auf diese Weise richtig satt.

4 Ein Abend in den Navigli

Zwischen den Kanälen und Lagerhäusern des quirligen Viertels in Mailand-Süd drängeln sich Restaurants, Kneipen und Läden *(siehe S. 94)*.

Ausflugsboot auf dem Comer See

Angesagt: Mailands Stadtviertel Navigli

5 Ein Abend in der Oper

Derzeit wird die fantastische Scala (18. Jh., *siehe S. 74*) renoviert, ab 2005 werden jedoch in Italiens erstem Opernhaus wieder Stars auftreten. Ersatz bietet bis dahin das Teatro degli Arcimboldi *(siehe S. 90)*.

6 Ein Violinkonzert in Cremona

In der Stadt, in der Amati und sein Schüler Stradivari wirkten, spielen Geigen eine wichtige Rolle. Virtuosen aus aller Welt nehmen hier an Festivals, Konzerten und Messen teil, nur um einmal auf den Violinen aus der stadteigenen Sammlung von echten Stradivaris spielen zu dürfen *(siehe S. 127)*.

7 Bootsfahrt auf dem Comer See

Den schönsten See Italiens *(siehe S. 106–113)* erkundet man am besten vom Wasser aus. Ungestört von Staus und anderen Widrigkeiten (etwa hohen, den Blick versperrenden Mauern) kann man in herrlicher Ruhe die Gärten und Villen am Ufer bewundern.

8 Sport am Gardasee

Im Norden des Gardasees weht morgens ein starker, *sover* genannter Wind aus dem nördlich gelegenen Sarca-Tal. Der aus dem Süden blasende Wind am Nachmittag heißt *ora*. Diese Windverhältnisse machen den Gardasee zum besten Windsurf- und Segelrevier aller westeuropäischen Seen. Von Frühjahr bis Herbst strömen Wassersportfans nach Riva und in das benachbarte Torbole, um die Segel zu hissen *(siehe auch S. 120)*.

9 Wandern im Seengebiet

Die örtlichen Touristeninformationen bieten Wanderkarten mit Touren an, die zwischen 15 Minuten und gut zwei Stunden dauern. Geeignete Ziele für Bergwanderungen sind Burgruinen (Arco am Garda-, Varenna am Comer See), mittelalterliche Kirchen (Madonna del Sasso bei Locarno am Lago Maggiore, San Pietro bei Civate am Comer See), wilde Bergbäche (Lattefiume oberhalb Varenna, Cascata del Varone bei Riva del Garda) oder prähistorische Felszeichnungen *(unten)*.

Windsurfer auf dem Gardasee

10 Erkundungstouren zu Felsgravuren

Die prähistorischen Stämme der Camunen ritzten in Felsen in den Voralpentälern der östlichen Lombardei rätselhafte Figuren und Symbole. Die ältesten dieser Felsgravuren sind 11 000 Jahre alt. Die meisten finden sich im Val Camonica *(siehe S. 47)*. Vom Gardasee aus lohnt sich ein Abstecher zu den Torri del Benaco bei dem Bergdörfchen Crer. Von diesem führt ein Pfad zu wunderschönen Felsbildern.

Links **Casa degli Omenoni** Mitte **Ca' Grande** Rechts **Eingang der Galleria Vittorio Emanuele II**

🔟 Mailänder Bauwerke

1 Palazzo Litta

Der 1648 erbaute, 1763 im Stil des Rokoko umgestaltete Palazzo ist Sitz der Eisenbahn (trotz seit langem bestehender Umzugspläne) und eines Theaters. Einige der Louis-XV-Räume dienen für besondere Anlässe und Ausstellungen *(siehe S. 88)*.

Torre Velasca

2 Palazzo della Ragione

In den Arkaden des 1228–33 erbauten, lombardisch-romanischen Palazzo fand früher der größte Markt der Stadt statt. Der oberste Stock stammt von 1771. Ein Relief an der Fassade zeigt Bürgermeister Oldrado da Tresseno aus dem 13. Jahrhundert. Im Salone dei Giudici prangen noch die Originalfresken *(siehe S. 73)*.

3 Torre Velasca

Mit dem ziegelroten, von 1956 bis 1958 errichteten, 106 Meter hohen Turm bewiesen sich die Architekten Nathan Rogers, Lodovico Belgioioso und Enrico Peressutti als exzellente Bauingenieure: Die obersten neun Etagen bilden einen Überhang, der an mittelalterliche Türme erinnert. Dummerweise erwiesen sich die Unterhaltskosten als schlicht horrend *(siehe S. 76)*.

4 Ca' Grande

Zu den größten öffentlichen Werken von Francesco Sforza zählt dieses 1456 erbaute, massive Krankenhaus. Die beiden separaten Männer- und Frauenflügel umfassen jeweils vier Höfe. Der weite zentrale Cortile Maggiore wurde im 17. Jahrhundert angebaut, ebenso die Kirche Annunciazione mit dem Altarbild von Guercino. Der klassizistische Männerflügel wurde 1904 vollendet. 1939 wurde das gesamte Hospital verlegt, und in die Gemäuer zog 1958 die Universität von Mailand ein *(siehe S. 76)*.

5 Galleria Vittorio Emanuele II

Italienische Eleganz und Ingenieurskunst des Industriezeitalters gehen in der vierstöckigen Passage eine traumhafte Verbindung ein. Die Galleria mit der Stahl-Glas-Kuppel wurde 1864–68

Galleria Vittorio Emanuele II

Palazzo *ist das italienische Wort für »Palast«.*

von Giuseppe Mengoni erbaut. Er stürzte kurz vor der Einweihung seines Werkes durch König Vittorio Emanuele II. von einem Gerüst in den Tod *(siehe S. 74).*

Palazzo Marino
6 Mailands *municipio* (Rathaus) hat zwei Fassaden: Die manieristische Front an der Piazza S. Fedele wurde von Galeazzo Alessi (der auch den schönen Haupthof gestaltete) 1558 entworfen, die klassizistische Fassade gegenüber der Scala wurde 1886–92 vollendet *(siehe S. 76).*

Casa degli Omenoni
7 Der Renaissance-Bildhauer Leone Leoni, dessen Werke den Mailänder Duomo und den Escorial in Madrid zieren, baute sich 1565 diesen Palazzo. Die Fassade säumen acht gigantische Telamonen, als männliche Figuren gestaltete Säulen *(siehe S. 76).*

Palazzo Dugnani
8 Der Salone d'Onore in dem Palazzo aus dem frühen 17. Jahrhundert ist ein großer Raum mit gusseisernem Balkon. Die Decke von 1731 zieren Fresken von Gian Battista Tiepolo, die allegorischen Szenen glorifizieren die Familie Dugnani. Der Palazzo ist auch Sitz des kleinen Museo del Cinema, das sich der frühen Geschichte des Films widmet *(siehe S. 88).*

Torre Pirelli
9 Früher sollten Mailands Bauten nicht höher als die Madonnina auf dem Duomo *(siehe S. 11)* sein. Das 127,10 Meter hohe Pirelli-Hochhaus brach mit der Tradition, doch auf seinem Dach

Stazione Centrale

thront die Madonnina als Replikat wieder auf dem höchsten Punkt der Stadt. In dem 1955–60 von Gio Ponti, Pier Luigi Nervi u.a. gestalteten Bau residiert die Regionalverwaltung der Lombardei. 2002 überstand das Gebäude den Einschlag eines Kleinflugzeugs *(siehe S. 88).*

Stazione Centrale
10 Mailands monumentaler Bahnhof gilt als typisch für die Architektur des Faschismus – der Bauplan stammt aber von 1912 und ist eher im Jugendstil angesiedelt. Der erst 1931 vollendete Bahnhof ist mit weißem Aurisina-Marmor verkleidet. Ihn zieren – leider oft übersehene – Reliefe, Statuen und Wandbilder. ◈ *Piazza Duca D'Aosta*

Kunst und Künstler in der Lombardei **siehe S. 48f**

Links **Baptisterium, Bergamo** Mitte **Sant'Eustorgio, Mailand** Rechts **Certosa di Pavia**

TOP10 Kirchen

1 Duomo, Mailand

Die drittgrößte Kathedrale der Welt ist ein überwältigendes Zeugnis typisch Mailänder Hartnäckigkeit. Obwohl die Bauzeit über 400 Jahre dauerte (1386–1813), blieb der Baustil der Gotik verhaftet. Der Duomo ist ein schier unglaubliches »steinernes Meer« aus Türmchen, Statuen und Strebepfeilern *(siehe S. 10f)*.

Der Duomo in Mailand

viele römische Elemente auf, obwohl sie im Mittelalter häufig umgebaut wurde. Die 1600 Jahre alten frühchristlichen Mosaiken im Inneren zählen zu den am besten erhaltenen Kunstwerken der nachrömischen Ära in ganz Norditalien *(siehe auch S. 93)*.

2 Sant'Ambrogio, Mailand

Mailands Schutzpatron Bischof Ambrosius selbst weihte im 4. Jahrhundert die Kirche ein (im 11./12. Jh. wurde sie umgebaut). Unbedingt sehenswert sind das Atrium, die Mosaiken in der Apsis und die mittelalterlichen Kunstwerke *(siehe S. 20f)*.

3 San Lorenzo Maggiore, Mailand

Die Kirche aus dem 4. Jahrhundert mit ihrer Rotunde weist noch

4 Santa Maria delle Grazie, Mailand

Von den alljährlich Hunderttausenden Bewunderern von Leonardo da Vincis Fresko *Abendmahl* im nahen Refektorium *(siehe S. 8f)* besichtigen nur wenige auch die Kirche – doch die Mühe lohnt: Sie ist ein schönes Beispiel für den Übergang der strengen Gotik zur Renaissance, typisch für das Ende des 15. Jahrhunderts. Die hiesigen Kunstschätze umfassen Skulpturen, Fresken und in der Tribuna Werke in der seltenen, gekratzten Sgraffito-Technik, die erst kürzlich restauriert wurden *(siehe S. 85)*.

5 Santa Maria presso San Satiro, Mailand

Das Hauptportal ist in der Via Torino, doch in der Via Speronari gibt es den Glockenturm aus dem 11. Jahrhundert und eine schöne kleine Renaissance-Kapelle zu bewundern.

Sant'Ambrogio in Mailand

  Touren in Mailand siehe S. 75, 87 und 95

Wer von dort in die Via Falcone abbiegt, kann an der 1871 vollendeten Rückfassade das Zusammentreffen von Renaissance und Barock nachvollziehen. Hier führt ein Tor in das Innere mit den herrlichen Dekors aus dem 15. Jahrhundert *(siehe auch S. 73)*.

6 Sant'Eustorgio, Mailand

Ignorieren Sie die Fassade aus dem 19. Jahrhundert – die Kirche dahinter stammt aus dem 4. Jahrhundert. Die Cappella Portinari hinter dem Altar bauten einheimische Meister; da sie jedoch so wunderbar die Ideale der Florentiner Frührenaissance verkörpert, wurde sie lange Brunelleschi oder Michelozzo zugeschrieben. Größter Schatz der Kapelle sind die 1486 von Vicenzo Foppa gemalten Fresken *(siehe S. 94)*.

7 Certosa di Pavia

Gian Galeazzo Visconti gab den Bau der imposanten, überreich dekorierten Kartause 1396 als Kloster für Kartäusermönche in Auftrag – mehr noch wollte er damit jedoch sicherstellen, dass seiner Dynastie durch den riesiegen Bau ein gigantisches, extravagantes Grabmonument geschaffen wurde *(siehe S. 24f)*.

8 Cappella Colleoni, Bergamo

Bartolomeo Colleoni war ein *condottiere*, ein gnadenloser Söldnergeneral, der als Lohn für seine Dienste Bergamo als Lehen erhielt. Colleoni war zudem kein Mann von falscher Bescheidenheit, und so nimmt es nicht wunder, dass er eine Sakristei zerstörte, damit darin sein Grab Platz fände. Dieses stattete der Bild-

Kuppel des Duomo in Como

hauer Amadeo mit allegorischen, biblischen und klassischen Reliefen sowie einer Reiterfigur Colleones aus *(siehe auch S. 26)*.

9 Der Duomo in Como

In Comos mit Statuen verzierter Kathedrale sind die vergoldeten Schnitzreliefs des Altars (1509–14) dem Schutzpatron der Stadt, dem heiligen Abondius, gewidmet. Schön sind zudem die Renaissance-Gobelins sowie die Gemälde, darunter eines von Leonardos Protégé Bernardino Luini *(siehe auch S. 107)*.

Sant'Andrea, Mantua

10 Basilica di Sant'Andrea, Mantua

Die für eine Blutreliquie Christi erbaute Basilika wurde von einigen der besten italienischen Baumeister geprägt. Den Entwurf lieferte 1470 der Renaissance-Denker Leon Battista Alberti. Giulio Romano, Begründer des Manierismus, baute sie 1530 aus, und der Barockmeister Juvarra fügte 1732 die Kuppel hinzu. Fresken zieren das Tonnengewölbe *(siehe S. 29)*.

Seen- und Städtetour **siehe S. 127**

Links **Pinacoteca di Brera** Mitte **Castello Sforzesco** Rechts **Museo Nazionale della Scienza**

TOP 10 Museen

1 Pinacoteca di Brera, Mailand

Das wichtigste Kunstmuseum der Lombardei zeigt Werke von Mantegna, Bellini, Tintoretto, Caravaggio, Veronese, Coreggio, Lotto, Carpaccio, Tiepolo, El Greco, Rembrandt u. a. *(siehe S. 12–15)*.

2 Pinacoteca Ambrosiana, Mailand

Die wunderbare Sammlung alter Meister wurde von Kardinal Frederico Borromeo als Ergänzung zur Biblioteca Ambrosiana gegründet. Berühmtester Band der Bibliothek ist der *Codex Atlantico*, in dem Zeichnungen von Leonardo da Vinci gesammelt sind. Kopien einzelner Seiten sind in der Pinacoteca ausgestellt. Zu bewundern sind Gemälde von Botticelli, Tizian, Caravaggio sowie Raffaels riesiger Entwurf der *Schule von Athen (siehe S. 18f)*.

3 Castello Sforzesco, Mailand

Italiens bestes kostenloses Museum! Fantastisch: Gemälde von Meistern wie Bellini und Mantegna, wunderbare Gobelins aus dem 16. Jahrhundert, archäologische Artefakte und als Höhepunkt Michelangelos *Pietà Rondanini (siehe S. 16f)*.

4 Museo Poldi-Pezzoli, Mailand

Poldi-Pezzolis Mailänder Villa beherbergt seine Sammlungen u. a. persischer Teppiche, antiker Waffen, historischer Schmuckstücke und vor allem Kunst. Allein in einem Raum geben sich Werke von Piero della Francesca, Giovanni Bellini, Mantegna und Botticelli die Ehre *(siehe S. 74f)*.

5 Museo Nazionale della Scienza e delle Tecnica – Leonardo da Vinci, Mailand

Wäre Leonardo in der Technik nur etwas ehrgeiziger gewesen – vielleicht gäbe es heute funktionierende Beispiele seiner vor über 400 Jahren erdachten Hubschrauber, Fallschirme, Waffen etc. So müssen wir mit den (modernen) Holzmodellen in diesem Wissenschaftsmuseum vorlieb nehmen und uns mit lehrreichen Exponaten zur Physik sowie alten Autos und Flugzeugen begnügen *(siehe S. 93)*.

6 Civico Museo Archeologico, Mailand

Zu den schönsten Exponaten dieser kleinen archäologischen Sammlung, die den Kulturen der Lombardei und der Nachbarregionen von der Prähistorie bis zum

Pinacoteca Ambrosiana, Mailand

Wenn Sie Mailänder Kunst hungrig macht **siehe S. 81, 91, 97**

Kulisse von Giacoma Balla, Museo Teatrale alla Scala, Mailand

Ende der Römerzeit gewidmet ist, zählt der Trivulzio-Becher aus dem 4. Jahrhundert. Das wertvolle Glasgefäß zieren ein zarter Netzdekor und eine Inschrift, die besagt: »Trinke, und du wirst viele Jahre leben« *(siehe S. 85)*.

7 Museo Teatrale alla Scala, Mailand

Was immer mit Mailands Oper in Verbindung steht – es ist im Museum der Scala ausgestellt. Die bunte Sammlung reicht von Kostümen von Nurejew und der Callas bis zu historischen Instrumenten, von Verdis Totenmaske (und Originalpartituren) zu Toscaninis Taktstöcken *(siehe S. 88)*.

8 Civico Museo d'Arte Contemporanea, Mailand

Mailand ist eine in die Zukunft gerichtete Stadt, weshalb es nicht überrascht, dass das Museum für moderne Kunst im Palazzo Reale *(siehe S. 73)* zu den besten Italiens zählt. Man konzentriert sich hier auf italienische Künstler des 20. Jahrhunderts, wie etwa De Chirico, Modigliani und Boccioni.

9 Galleria dell'Accademia Carrara, Bergamo

Napoleons ausgeprägter Vorliebe, die Kunstschätze der von ihm eroberten Territorien zu plündern, verdanken wir das Museum Carrara. Es heißt nach dem Grafen, der 1795 die kaiserliche, in ganz Norditalien zusammengestohlene Sammlung verwaltete. Sie umfasst Werke von Botticelli, Raffael, Bellini, Mantegna, Canaletto, Carpaccio, Guardi, Tiepolo – und die emotionalen Renaissance-Gemälde von Lorenzo Lotto. Der venezianische Maler ließ sich 1513 in Bergamo nieder *(siehe S. 26f)*.

10 Museo della Città, Brescia

Trotz romanischer Kunst und unzähliger Fresken in den Kreuzgängen, Kapellen und Zimmern dieses mittelalterlichen Klosters spielt hier die Antike die Hauptrolle. Gezeigt werden in großer Zahl gut erhaltene, wunderschöne archäologische Artefakte aus Brescias großer Zeit als römische Kolonie *(siehe auch S. 126)*.

Mystische Vermählung der hl. Katharina, Lotto

Wenn Sie neue Schuhe brauchen **siehe S. 58**

Links **Das Städtchen Bellagio am Comer See** Rechts **Sirmione**

Attraktionen an den Seen

1 Isole Borromee, Lago Maggiore

Die drei Inselchen bei Stresa – zwei mit Gärten und Palästen, eine mit Fischerdorf – zählen zu den Top-10-Attraktionen der gesamten Region *(siehe S. 22f).*

Rocca di Angera

2 Santa Caterina del Sasso, Lago Maggiore

Fassade und Innenraum der Kirche am See bedecken verblassende Fresken aus einem Zeitraum von der Gründung der Einsiedelei im 13. Jahrhundert bis zu ihrer Auflösung durch die Österreicher im 19. Jahrhundert (1986 kehrten die Dominikaner zurück). Vom Parkplatz führen unzählige Stufen zum Kloster hinunter, an

Santa Caterina del Sasso

dem alten Steg legen nur wenige Fähren an. An der Loggia wurde früher mit einer Winde ein Korb mit den Einkäufen – und gelegentlich ein gebrechlicher Mönch – von den Booten hochgehievt *(siehe S. 99).*

3 Rocca di Angera, Lago Maggiore

Die Burg aus dem 8. Jahrhundert beherrscht die Halbinsel von Angera. Sie wurde im 13. Jahrhundert unter den Visconti aus Mailand erweitert, stieg später zum Sitz des Lehens auf, das 1449 an die Familie Borromeo überging. In der faszinierenden Burg sind zarte mittelalterliche Fresken und ein Puppenmuseum zu besichtigen *(siehe S. 99).*

4 Bellagio, Comer See

Das wohl hübscheste Städtchen an den Seen wartet einfach mit allem auf: Cafés unter Hafenarkaden, prächtige Villen und üppige Gärten, steile mittelalterliche Gassen sowie Hotels und Läden aller Preisklassen. Die Kanzel der romanischen Kirche San Giacomo aus dem 12. Jahrhundert zieren Reliefe mit den Evangelisten *(siehe S. 108, 110).*

5 Der Duomo in Como, Comer See

An den Außenmauern des ab dem 14. Jahrhundert erbauten Doms von Como prangen Statuen

Im fernen Las Vegas kann man im nachgebauten Bellagio – einem Luxushotel – wohnen **siehe Top 10 Las Vegas (DK)**

und Basreliefe, im Inneren Renaissance-Altarbilder und Gobelins *(siehe S. 107)*.

6 Villa Carlotta, Comer See

Drei Besitzern verdankt die Villa Schönheit und Ruhm. 1643 für Giorgio Clerici erbaut, gehörte sie ab 1801 dem Juristen Gian Battista Sommariva, dessen Sammelleidenschaft klassizistischen Skulpturen (etwa *Palamede* von Canova und *Cupido und Psyche* von dessen Schüler Tadolini) sowie romantischer Malerei galt. Von dieser zeugt *Der letzte Kuss von Romeo und Julia* vom Meister ergreifender Kuss-szenen, Francesco Hayez. 1847 verlieh die preußische Prinzessin Charlotte der Villa ihren Namen, Gatte Prinz Georg II. von Sachsen-Meiningen stellte derweilen Empire-Möbel auf und legte den großartigen botanischen Garten an *(siehe S. 44, 108)*.

7 Varenna, Comer See

Varenna ist nicht gar so touristisch wie Bellagio, aber fast genauso sehenswert. Hier locken eine Strandpromenade, zwei kleine Kirchen mit mittelalterlichen Fresken am Hauptplatz, zwei Villen mit schönen Gärten zum Spazierengehen und das halb verfallene Castello di Vezio hoch über dem Städtchen. Südlich von Varenna stürzt der Fiumelatte etwa 250 Meter tief in den See. Der kürzeste Fluss Italiens fließt merkwürdigerweise nur von März bis Oktober *(siehe auch S. 110)*.

Ruhige Gasse in Varenna

8 Il Vittoriale, Gardasee

Eine eher zwiespältige, dennoch interessante Attraktion ist die ehemalige Villa des wegen seiner Nähe zum italienischen Faschismus umstrittenen Schriftstellers Gabriele d'Annunzio. Den großzügigen Umbau der Villa als Jugendstilschmuckstück finanzierte kein Geringerer als Mussolini *(siehe auch S. 45, 118)*.

9 Sirmione, Gardasee

Am Südufer des Sees liegt auf der Spitze einer schmalen Halbinsel das Städtchen Sirmione. Eine imposante, perfekt mit Graben und Zugbrücke ausgestattete Burg bewacht die Postkartenschönheit. Der beliebte Ferienort bietet Hotels, Läden, schöne Kirchen und die Ruinen einer römischen Villa an der äußersten Spitze der Landzunge *(siehe S. 117, 120)*.

10 Giardino Botanico Hruska, Gardasee

Der Schweizer Zahnarzt Arturo Hruska behandelte im 20. Jahrhundert die Zähne des europäischen Adels und legte 1940 bis 1971 den üppigen botanischen Garten an *(siehe S. 45, 118)*.

Steile Straße im malerischen Bellagio

Links **Palazzo Borromeo** Mitte **Gärten der Villa Carlotta** Rechts **Terrasse der Villa Monastero**

TOP10 Villen & Gärten

1 Palazzo Borromeo, Lago Maggiore

Der 1670 erbaute Palazzo der Borromeo auf der in eine üppige Gartenlandschaft verwandelten Isola Bella zeigt eindrucksvoll den Lebensstil lombardischer Superreicher *(siehe S. 22)*.

2 Villa Taranto, Lago Maggiore

Auch wenn die 1875 von dem Schotten Neil MacEacharn erbaute Villa in Verbania *(siehe S. 100)* geschlossen ist, lohnt ein Spaziergang in der englischen Gartenanlage voller exotischer Pflanzen. Sensationell sind die weltgrößte Seerose und die riesige Metasequoia. Bis zu ihrer Entdeckung 1941 in China galt sie als seit 200 Millionen Jahren ausgestorben. Via Vittorio Veneto, Pallanza, Verbania • Karte A2 • 0323-556-667 • www.villataranto.it • tägl. 8.30–19.30 Uhr • Nov–Ende März geschl. • Eintritt

3 Villa Carlotta, Comer See

Bei den berühmten extravaganten Villen am Comer See sind meist nur die Gärten, nicht aber die Gebäude selbst zu besichtigen. In der Villa Carlotta stehen

Der Palazzo Borromeo im Lago Maggiore

Springbrunnen der Villa Taranto

dagegen die spätbarocke Villa mit den klassizistischen Skulpturen und romantischen Gemälden sowie die üppigen Gärten Besuchern offen *(siehe S. 43, 108)*.

4 Villa Serbelloni, Comer See

Die Privatgärten dieser Villa erstrecken sich über die ganze Spitze der Bellagio-Halbinsel. Bei Führungen erkundet man die formalen, englischen und mediterranen Gärten. Schon der Schriftsteller Stendhal bewunderte die Aussicht von der Landspitze, dem einzigen Punkt, an dem man alle drei Arme des Comer Sees überblickt *(siehe S. 108)*.

5 Villa Melzi, Comer See

Francesco Melzi, der Vizepräsident von Napoleons Cisalpiner Republik, erbaute die klassizistische Villa an Bellagios Südrand. Das Gebäude ist geschlossen, man kann jedoch durch die Gärten zum Ufer spazieren, ein kleines Museum mit archäologischen Artefakten der Etrusker, Ägypter und Römer sowie einen pseudo-maurischen Tempel, der Liszt zu Kompositionen inspirierte, besichtigen *(siehe S. 108)*.

Buch- und Filmkulissen siehe S. 50f

6 Villa Monastero, Comer See

Der Bau beherbergte einst einen 1208 gegründeten Zisterzienserinnenkonvent. Den löste Carlo Borromeo im 16. Jahrhundert auf, als das angebliche Lotterleben der Nonnen ruchbar wurde. In der Villa residierte jahrhundertelang der Adel, heute jedoch ein Forschungszentrum. Zu besichtigen sind die Terrasse mit Palmen und Magnolien sowie das Gewächshaus *(siehe S. 108)*.

Eingang der Villa Cipressi

7 Villa Balbianello, Comer See

Kaufhausmogul Guido Monzino vermachte 1988 diese Villa (1784) samt den grandiosen Gärten dem italienischen Staat. Im Inneren dokumentiert ein Museum Monzinos Abenteuer, die er z. B. am Mount Everest und am Nordpol erlebte. Ein Gastspiel in *Star Wars: Episode II* katapultierte die Villa an die Spitze der hiesigen Attraktionen *(siehe S. 51, 107)*.

8 Villa Cipressi, Comer See

Wer schon immer mal eine Nacht in einer edlen Villa am Comer See verbringen wollte, ist in diesem Hotel richtig. Im Preis inbegriffen: Lustwandeln zwischen Zypressen und Glyzinien *(siehe S. 109, 113)*.

9 Il Vittoriale, Gardasee

Die kitschige Jugendstilvilla gehörte dem bekannten Vertreter der Dekadenzliteratur, Gabriele d'Annunzio. Der umstrittene Poet flog 1918 mit einem Doppeldecker über Wien, um zu beweisen, dass eine Invasion möglich sei, und griff 1919 mit einer Privatarmee eine jugoslawische Grenzstadt an, um sich damit als National- und Freiheitsheld zu stilisieren. Eine Führung durch die Villa zeigt auch das berühmte Flugzeug d'Annunzios *(siehe S. 118)*.

10 Giardino Botanico Hruska, Gardasee

Der Schweizer Zahnarzt und Naturkundler Arturo Hruska verwandelte das nur einen Hektar große Seegrundstück in über 30 Jahren in einen Mikrokosmos alpiner Flora. Seit 1989 hält der österreichische Künstler André Heller das botanische Kleinod für die Öffentlichkeit zugänglich *(siehe S. 118)*.

Villa Balbianello

Gärten machen auch Kindern Spaß – weitere Attraktionen für Kinder siehe S. 62f

Links **Pavia** Rechts **Vigevano**

TOP 10 Städtchen & Dörfer

1 Sabbioneta
Die Stadt wurde 1556–91 nach den Idealen der Renaissance angelegt. Sabbioneta ist das Vermächtnis des Vespasiano Gonzaga Borromeo, der seine Residenz zu einem Palastkomplex mit Theater ausbaute *(siehe S. 127).*

Crema

2 Crema
In der einst loyal mit Mailand verbündeten Stadt prägte v. a. die Herrschaft Venedigs (1454–1797) die Architektur. Crema besitzt schöne Marmorfassaden, einen herrlichen Duomo und ein Stadtmuseum mit Partituren des Komponisten Francesco Cavalli.
❂ *Karte E5 • Information: Via dei Racchetti 8 • 0373-8 1-020 • www.crema.net/proloco*

3 Lodi
Nachdem Barbarossa *(siehe S. 32)* die erste Siedlung fünf Kilometer westlich zerstört hatte, wurde Lodi 1158 am heutigen Ort neu aufgebaut. Herrlich: der Duomo und die Kirche Incoronata mit Fresken, vergoldetem Stuck und Gemälden von Il Bergognone. ❂ *Karte D5 • Information: Piazza Broletto 4 • 0371-421-391 • www.apt.lodi.it*

4 Pavia
Die Hauptstadt Theoderichs und des fränkischen Regnum Italicum zählt heute zum Großraum Mailand. Pavia hat sich seinen historischen Kern bewahrt. Neben der imposanten Certosa *(siehe S. 24f)* sind San Pietro in Ciel d'Oro und San Michele (romanische Kunst) sowie der Duomo, an dessen Bau Bramante und da Vinci mitwirkten, sehenswert. Schön sind die Renaissance-Brücke und das Schloss (14. Jh.) mit Gemälden von Antonella da Messina, Correggio, Bellini, Luini und Tiepolo. ❂ *Karte C6 • Information: Via Fabio Filzi 2 • 0382-22-156 • www.apt.pv.it*

Renaissance-Brücke, Pavia

Bormio ist das Tor zu weltberühmten Skigebieten

5 Vigevano

In dem imposanten Schloss, das diesen Hauptort der Schuh- und Seidenindustrie dominiert, wurde Lodovico »Il Moro« Sforza *(siehe S. 33)* geboren. Die Piazza Ducale mit den Arkadenreihen entwarf Bramante; der barocke Duomo wurde 1680 erbaut.
Ⓢ *Karte B5 • www.vigevano.org*

6 Castiglione Olona

Im 14. Jahrhundert lernte Kardinal Branda Castiglione in Florenz die gotische Malerei kennen. Begeistert von dieser neuen Kunstrichtung führte er sie auch in seiner Heimatstadt ein. Als Resultat schuf Masolino exzellente Arbeiten im Palast des Kardinals und in der Chiesa della Collegiata. An der nahen Chiesa della Villa von Brunelleschi flankieren kolossale Heiligenfiguren den Eingang.
Ⓢ *Karte B3 • Information: Piazza Garibaldi 4 • 0331-858-048*

7 Civate

In dem Städtchen am Lago di Annone rasteten im Mittelalter Pilger auf dem Weg zu der Abtei aus dem 8. Jahrhundert, in der ein Satz von Petrus' Himmelsschlüsseln liegen sollte. Die schöne romanische Kirche San Pietro al Monte steht in den Bergen beim Ort *(siehe S. 110)*.

8 Chiavenna

In dem Hauptort des Bergtales wurden viele *crotti* – Höhlen, in denen Fleisch und Käse geräuchert wurden – in *osterie* umgebaut. In einem alten Steinbruch oberhalb der Stadt blüht heute ein botanischer Garten; Gletschertöpfe und prähistorische Felsbilder bietet der Parco Marmitte dei Giganti. Ⓢ *Information: Via V. Emanuele II 2 • 0343-36-384 • www.valchiavenna.com/chiavenna*

9 Dörfer im Val Camonica

Von Capo di Ponte und Nadro di Ceto gelangt man am besten zu den prähistorischen Felsgravuren, die im Tal nördlich des Lago d'Iseo gefunden wurden. Die Bilder, u.a. Jagdszenen, sind mindestens 3000 Jahre alt. Ⓢ *Information: Via S. Briscoli 42, Capo di Ponte • 0364-42-080 • www.invallecamolnica.it*

10 Bormio

Das hoch im Veltlin gelegene, mittelalterliche Dorf ist ein ganzjähriger mondäner Skiort und Tor zum Nationalpark mit seinen fantastischen Gletschern, Gipfeln, Wegen, Aussichten. Ⓢ *Information: Via Roma 131b • 0342-903-300*

Links **St.-Lukas-Polyptychon, Mantegna** Mitte **Studie von Leonardo** Rechts **Porträt, Caravaggio**

TOP 10 Künstler in der Lombardei

1 Andrea Mantegna (1431–1506)

Mantegnas klassischer Malstil der Hochrenaissance steht im Gegensatz zu der schier überirdischen Schönheit der Bilder seines Schwagers Giovanni Bellini. 1460 wurde er Hofmaler der Gonzaga in Mantua, wovon seine meisterhaften Fresken im Palazzo Ducale zeugen (siehe S. 28). Seine spektakuläre Perspektivstudie *Toter Christus* hängt in Mailands Pinacoteca (siehe S. 12).

Selbstporträt von Leonardo da Vinci

2 Bramante (1444–1514)

Der große Baumeister der Hochrenaissance errichtete Kirchen u.a. in Urbino, Florenz, Mailand und Rom, wo er seine Entwürfe für den Bau des Petersdoms nicht verwirklichen konnte. Bramante erstrebte geometrische Formen, klare Gliederungen und durch dunkle Steine betonte strenge Linien.

3 Leonardo da Vinci (1452–1519)

Das Renaissance-Genie war begnadeter Maler, Erfinder und Wissenschaftler zugleich. Seine *sfumato* genannte Technik der unendlich sanften Farbübergänge verleiht seinen Arbeiten durch die nebelhafte Wirkung eine unglaubliche Tiefe. Seine Erfindungen – Hubschrauber, Maschinengewehre, Bewässerungsanlagen u.a. – waren ihrer Zeit Jahrhunderte voraus, bestanden meist aber nur als Skizzen. Funktionierende Modelle zeigt Mailands Technikmuseum (siehe S. 8f, 40, 93).

4 Bernardino Luini (1475–1532)

Da Vincis Schüler war von seinem Lehrer so beeindruckt, dass er sein Leben lang versuchte, wie Leonardo zu malen, und nie einen eigenen Stil entwickelte.

5 Il Bergognone (1480–1523)

Obwohl die Renaissance zu seinen Lebzeiten die Kunst prägte, blieb Il Bergognone der Spätgotik verhaftet. Seine schönen, gesetzten, sakralen Gemälde gründeten auf dem Stil seines Mailänder Vorgängers Vicenzo Foppa.

Selbstporträt des Futuristen Umberto Boccioni

Die besten Museen der Lombardei **siehe S. 40f**

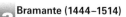

6 Giulio Romano (1499–1546)

Raffaels Protégé stellte Aufträge seines Meisters nach dessen Tod fertig. Romano errang Ruhm als Freskenmaler und als Architekt. Aufgrund dieser doppelten Kunstfertigkeit beauftragten ihn die Gonzaga in Mantua mit dem Bau des Palazzo Te *(siehe S. 29)* und anderer Gebäude. Nur gesundheitliche Gründe hielten ihn davon ab, leitender Baumeister des Petersdoms ihn Rom zu werden.

7 Giuseppe Arcimboldo (1527–1593)

Der Mailänder Manierist trieb ein großartiges Spiel mit der optischen Wahrnehmung. Seine allegorischen »Porträts« sind bizarre Collagen aus Blumen, Früchten, Fischen, Waffen, Tieren u.a.

8 Caravaggio (1571–1609/10)

Der Barockmaler prägte eine ganze Künstlergeneration. Er bevorzugte Modelle aus dem Volk und beherrschte virtuos die Technik des Chiaroscuro. Die Hell- und Dunkelkontraste verliehen den realistischen Bildern Dramatik.

9 Francesco Hayez (1707–76)

Der Venezianer zog erst nach Rom, wo er mit Ingres und Canova arbeitete, dann nach Mailand. Dort leitete er die Pinacoteca di Brera. Hayez suchte in seiner Malerei Ideale der Romantik und des Klassizismus zu vereinen.

10 Umberto Boccioni (1882–1916)

Der Futurist stammte aus dem Süden und zog schon früh nach Mailand. Der ehemalige Journalist war ein führender Theoretiker des Futurismus. Seine Gemälde und Skulpturen wurden in dieser Ära stark bewundert.

Top 10 Epochen der lombardischen Kunst

1 Altertum

Diese Periode reicht von jahrtausendealten Felsgravuren zu eleganten römischen Villen aus dem 5. Jahrhundert n.Chr.

2 Langobardisch

Merkmale langobardischer Bauten des 5. bis 10. Jahrhunderts sind u.a. Blendarkaden und Kreuzrippengewölbe.

3 Romanik

Die schlichte Architektur des 11. und 12. Jahrhunderts charakterisieren Rundbögen und expressive Steinmetzkunst.

4 Gotik

Spitzbögen und Strebepfeiler hoben Kathedralen im 13. und 14. Jahrhundert gen Himmel. Die Malerei wurde expressiver und realistischer.

5 Renaissance

Klassische Architektur und elegante Malerei mit zarten Farben und einer neuen Technik: der Perspektive (15.–16. Jh.).

6 Barock

Der in der Renaissance wurzelnde, dekorative Barockstil (17. Jh.) läuft im Rokoko (18. Jh.) aus.

7 Klassizismus

An der Klassik orientierter, strenger Stil des späten 18. und frühen 19. Jahrhunderts.

8 Romantik

Rückbesinnung auf die Gotik, überladener Dekor (19. Jh.).

9 Liberty (Jugendstil)

Die italienische Variante des Jugendstils zelebrierte im frühen 20. Jahrhundert asymmetrische, organische Formen.

10 Futurismus

Auseinandersetzung der Avantgarde mit dem modernen Leben (Anfang 20. Jh.).

Architektonische Werke **siehe S. 36–39**

49

Links **Filmversion von** *Die Verlobten* Rechts **Antonionis** *La Notte*

TOP 10 Buch- und Filmkulissen

1 Die Verlobten (I Promessi Sposi)

Alessandro Manzonis Roman aus dem 19. Jahrhundert spielt in Mailand und in Manzonis Heimatstadt Lecco am Comer See. Er beschreibt das Leben in der Lombardei unter der spanischen Herrschaft im 17. Jahrhundert. Der Klassiker ist Pflichtlektüre an Italiens Schulen.

Rock Hudson und Jennifer Jones in dem 1957 gedrehten Film *In einem anderen Land*

2 In einem anderen Land

In dem Roman (1929) verarbeitete Ernest Hemingway seine Weltkriegserfahrungen. Er erzählt von einem US-Soldaten, der im Kampf für die italienische Armee verwundet wird. Nach seiner Genesung in Mailand muss er auf der Flucht vor den Deutschen desertieren und trifft seine Geliebte in Stresa am Lago Maggiore. Dort wohnen sie (wie oft auch Hemingway selbst) im Grand Hôtel des Iles Borromées und fliehen nach Locarno.

3 Italienische Dämmerung

Auf ihrer Pilgerreise durch Europa ließen sich D. H. Lawrence und seine Geliebte Frieda im Winter 1912/13 am Gardasee nieder. 1916 überarbeitete er seine Notizen über jene glücklichen ersten Monate in Italien und schrieb diesen Reisebericht.

4 Ein Sommer am See

Im Sommer 1937 verlieren eine Gruppe spießiger Briten der besseren Gesellschaft und einige Amerikaner am Comer See Moral und Hemmungen. Vanessa Redgrave und Uma Thurman waren 1995 die Stars in diesem Film von John Irvin. Drehort war die Villa Balbianello *(siehe S. 45)*.

5 Das Wunder von Mailand

Vittorio de Sica drehte 1951 das Märchen von der Taube und den Wundern, die sie in einem Mailänder Slum ausübt. Mit »Special Effects« verband er dabei den Neorealismus des italienischen Nachkriegskinos mit dem magischen Realismus, mit dem später Fellini berühmt wurde.

Vittorio de Sicas *Das Wunder von Mailand*

Mailands Museo del Cinema **siehe S. 37**

6 Wanderungen in Italien

H. V. Morton wurde in den 1920er Jahren mit einem Knüller bekannt: Er berichtete von der Entdeckung des Grabes von Tutanchamun. Der exzellente Reiseschriftsteller beschreibt seine Reise durch Italien um 1950 in einer gelehrten, stets modernen Mischung aus Tagebuch, Geschichte und wunderbarer Prosa.

7 La Notte

Michelangelo Antonioni seziert den schleichenden Tod der Liebe zwischen einem Paar (bewegend: Marcello Mastroianni und Jeanne Moreau) im sich rasant industrialisierenden Mailand von 1960.

8 Theorem

Pier Paolo Pasolinis Film von 1968 lebt von einer typischen Mischung aus Sexualität, Homosexualität und linker Kritik an der Leere des bürgerlichen Lebens. Der gut aussehende Fremde Terrence Stamp bringt Libido und Leben einer Mailänder Mittelschichtfamilie durcheinander.

9 Die Strategie der Spinne

Der damals noch nicht international berühmte Bernardo Bertolucci drehte 1969 diesen Film über eine gestörte, von ihrer faschistischen Vergangenheit getriebenen Familie in Sabbioneta.

10 Star Wars Episode II

George Lucas wusste, dass nicht einmal seine berühmten digitalen Spezialeffekte der schier extraterrestrischen Schönheit des Comer Sees das Wasser reichen können. Nur wenig verfremdet dient er als Kulisse im fünften Teil der Weltraumsaga, Angriff der Klonkrieger (2002). Für die Romantik ist die Villa Balbianello zuständig (siehe S. 45).

Top 10 Uraufführungen in der Scala

1 L'Europa Riconosciuta (1778)

Mit Salieris kriegerisch-fröhlicher Oper eröffnete die Scala am 3. August 1778.

2 La Pietra del Paragone (1812)

Rossinis Werk zeigt die Umorientierung der Scala von komischer Oper und Klassik zum romantischen Melodram.

3 Chiara e Serafina (1822)

Die erste der vielen fröhlichen Donizetti-Uraufführungen.

4 Norma (1831)

Die berühmteste Bellini-Uraufführung an der Scala. Norma handelt von einer fatalen Dreiecksbeziehung.

5 Nabucco (1842)

Bevor Verdi diesen Hit landete und zum größten Hauskomponisten der Scala aufstieg, erlebte er zwei Flops.

6 Mefistofele (1868)

Boitos erster großer Erfolg führte zur Zusammenarbeit mit Verdi und damit zu Otello 1887 und Falstaff 1893.

7 Aida (1872)

Verdi führte das ägyptische Melodram nach langer Abwesenheit von der Scala auf.

8 Madame Butterfly (1904)

Puccinis berühmte Liebesgeschichte zwischen einer Geisha und einem US-Soldaten.

9 Turandot (1926)

Das exotische Asien mit Happyend brachte Puccini noch einmal Glück.

10 The Rake's Progress (1951)

Unter Toscaninis Leitung öffnete sich die Scala auch ausländischen Werken wie diesem Klassiker von Strawinsky.

Mehr zum berühmtesten Opernhaus der Welt – La Scala siehe S. 74

Links **Sagra del Carroccio** Rechts **Festa dei Navigli**

Feste & Veranstaltungen

1 Mailänder Karneval

Der *Carnevale* ist eine ausschweifende Mischung aus katholischem Pomp, fantastischer Parade und Bacchanal. Im Gegensatz zu Rio, Venedig und dem Rest der Welt, wo der Karneval am Faschingsdienstag endet, feiert man in Mailand bis zum darauf folgenden Samstag. Dies verfügte einst der Erzbischof Ambrosius, der – wen wundert's – heilig gesprochen wurde. ✪ *Feb/März (bis erster Sa Fastenzeit)* • *Info: Ufficio Manifestazioni* • *02-6208-3656*

2 Modamilano

Mailands wichtigster Feiertag ist eine halbjährliche Modemesse. Auch wenn es Sie nicht zu den Laufstegen zieht: Berücksichtigen Sie bei Ihrer Reiseplanung, dass während der MODIT Hotelzimmer rar sind. ✪ *etwa eine Woche, Anfang März & Anfang Okt* • *Info: Viale Sarca 223* • *02-643-3669* • *www.momimodamilano.it*

3 Sagra del Carroccio

Zwei Jahre nach dem Sieg des Lombardischen Bundes über Barbarossa im Jahr 1176 *(siehe S. 32)* feierte Legnano erstmals diesen Triumph. Er wird noch heute mit Festspielen und einem Pferderennen zelebriert, bei dem die acht Stadtviertel Legnanos gegeneinander antreten. ✪ *letzter So im Mai* • *Info: Comitato Sagra del Carroccio* • *Piazza S. Magno* • *0331-471-258*

4 Festa dei Navigli

Mailands buntes Viertel Navigli feiert den Sommeranfang am ersten Sonntag im Juni mit einem Straßenfest, Kunsthandwerksbuden und Livemusik. ✪ *erster So im Juni*

Modamilano

5 Ferragosto

Am 15. August (Mariä Himmelfahrt) fährt fast ganz Italien für zwei Wochen ans Meer oder an die Seen. Außerhalb der Ferienorte kommt das Leben praktisch zum Erliegen. Während Mantua am 15. August mit Straßenkünstlern feiert, sind in Mailand eigentlich nur die Restaurants und Bars in den Navigli offen. ✪ *15.–31. Aug*

6 Settimane Musicali, Stresa

Das Tor zu den Isole Borromee am Lago Maggiore *(siehe S. 99)* veranstaltet an fünf Wochenenden Konzerte an Örtlichkeiten in der Stadt und entlang dem See. ✪ *Ende Aug–Ende Sep* • *Info: Via Carducci 38* • *0323-31-095* • *www.settimanemusicali.net*

7 Großer Preis von Monza

Das große Formel-1-Rennen findet Mitte September statt. Von April bis Oktober kühlen hier ansonsten bei verschiedenen Gelegenheiten tollkühne Fahrer ihr Macho-Mütchen. ✪ *Großer Preis: zweites Wochenende im Sep* • *Info: Via Vedano 5* • *039-24-821*

8 Festivals der Saiteninstrumente, Cremona

Die Heimatstadt von Amati und Stradivari feiert mit verschiedenen Festivals Instrumente und Musiker. Eine jährliche Instrumentenschau wird von Musikwettbewerben begleitet *(siehe S. 35, 127)*. ◈ Oktober • Info: Ente Triennale degli Strumenti ad Arco, Corso Matteotti 17 • *0372-21-454* • www.entetriennale.com

9 Oh Bej! Oh Bej!, Mailand

Mailand feiert seinen Schutzheiligen mit einem Straßenmarkt rund um die Piazza Sant'Ambrogio. Angeblich leitet sich der Name von den entzückten Ausrufen der Kinder im Mailänder Dialekt über den herrlichen Rummel ab – »Oh bej!«, »Wie schön!«. ◈ 5.–8. Dez • Info: Piazza Sant' Ambrogio, Mailand • *02-6208-3533*

10 Opernsaison

Die Mailänder Scala *(siehe S. 74)* ist das wichtigste Opernhaus der Welt. Wer bezweifelt, dass Oper eine hohe Kunst ist, wird an einem Abend in diesem Haus für immer und ewig eines Besseren belehrt. Die Saison beginnt am 7. Dezember, dem Festtag des Mailänder Schutzheiligen Ambrosius. (Zurzeit ist die Oper ausgelagert – *siehe S. 90.)* ◈ Info: 02-7200-3744 • Karten: 02-860-775 • www.teatroallascala.org

Oh Bej! Oh Bej! Straßenfest

Top 10 Sport

1 Fußball

In der Lombardei konkurrieren einige Erstligisten, zwei sind in Mailand ansässig *(siehe S. 62f)*. Hauptstadion ist San Siro *(siehe S. 88)*.

2 Autorennen

Auf Europas Top-Rennstrecke in Monza wird der Große Preis von Italien ausgetragen *(siehe Eintrag 7, S. 52)*.

3 Pferderennen

Vergnüglich und spannend: ein Renntag in Mailands Ippodromo *(siehe S. 88)*.

4 Windsurfen

Die Böen im Norden der Seen wehen die Region an die Spitze der westeuropäischen Binnen-Surfgebiete.

5 Radfahren

Das Tal des Mincio hinabsausen, mountainbiken oder gemächlich die Seeufer erkunden: Die Lombardei ist ein Mekka für Zweiradfreunde.

6 Segeln

Wie die Windsurfer genießen auch Segler die frischen Brisen, v. a. am Gardasee, am Comer See und am Lago d'Iseo.

7 Reiten

Dieses Glück der Erde findet man am besten in den Bergen und Tälern rund um den Lago Maggiore *(siehe S. 111)*.

8 Wandern

Stets lohnend sind Wanderungen in die Berge, die sich rings um die Seen erheben.

9 Golf

Alle Luxushotels an den Seen bieten mittlerweile edel angelegte Golfplätze *(siehe S. 111, 121)*.

10 Skifahren

Im Norden reichen die Seen bis zu den italienischen Voralpen, weshalb hier ganzjährig Saison herrscht.

Folgende Doppelseite **Die Isola Bella im Lago Maggiore**

Links **Versace-Shop** Mitte **Antiquitäten, Via Montenapoleone** Rechts **Moschino, Via della Spiga**

TOP 10 Mailänder Einkaufsmeilen

1 Via Manzoni

Der breite Boulevard wurde zum Epizentrum der Mailänder Mode, als Giorgio Armani hier 2000 seinen gigantischen Superstore eröffnete *(siehe S. 77)*. Am Manzoni gibt es einfach alles: von römischer Mode von Davide Cenci (Nr. 7) bis zu Donatella Pellinis Schmuck (Nr. 20). ✆ *Karte M2–3*

2 Galleria Vittorio Emanuele II

Mailands grandiose Einkaufspassage aus dem 19. Jahrhundert *(siehe S. 74)* ist klein, aber fein. Das erstaunlich breite Angebot reicht von Edelware bei Prada bis zu Massenware bei Ricordi/Feltrinelli, einem Riesenwarenhaus für CDs und Bücher. Genussvolle Entspannung bietet die hiesige Bastion des *dolce vita*, Zucca in Galleria *(siehe S. 80)*. ✆ *Karte M3*

Prada, Via Montenapoleone

3 Corso Vittorio Emanuele II

Unter den Arkaden der sorgfältig modernisierten Fußgängerzone residieren einige der interessantesten Läden in Mailands Mitte. Hier hämmert lauter Techno-Sound in den Boutiquen mit dem letzten internationalen Schrei für ein junges Publikum. Als Erster bot hier 1970 Fiorucci »Untergrund«-Mode an. In der labyrinthartigen Kultboutique drängeln sich auch heute noch die »Fashionistas«. ✆ *Karte M4–N3*

4 Via P Verri

Modebewusste Männer zieht es in die Via P Verri zum Herrenausstatter Zegna (Nr. 3, *siehe S. 77*), dem Meister der raffinierten Anzüge und hocheleganten Freizeitkleidung. Zwei Häuser weiter bietet auf Nr. 1 eine schöne kleine Boutique Canali-Anzüge an. ✆ *Karte M–N3*

Galleria Vittorio Emanuele II

Tipps zum Einkaufen **siehe S. 137**

Via Montenapoleone

Rodeo Drive, Fifth Avenue, rue du Faubourg-St-Honoré ... nirgendwo findet man mehr Hauptboutiquen von Größen wie Prada, Armani oder Versace als in der Via Montenapoleone. Die liebevoll »Montenapo« genannte Straße ist die

Via della Spiga

Hauptader von Mailands Quadrilatero d'Oro. In dem »Goldenen Viereck« residieren internationale Modezaren, hochklassige Antiquitäten- und Kunsthändler sowie elegante Cafés. ❧ *Karte M2–N3*

Via Borgospesso

In der Straße im Quadrilatero d'Oro drängeln sich Kunst- und Antiquitätenläden. Das Angebot reicht von der venezianischen Lackschachtel aus dem 17. Jahrhundert bei Silva (Nr. 12) bis zum bunten Allerlei bei Silbernagl *(siehe S. 79)*. ❧ *Karte M–N2*

Via della Spiga

In der Via della Spiga finden Einkaufswillige mehr interessante Läden als in jeder anderen Mailänder Straße. Hier eine kleine Auswahl: Dolce e Gabbana (2, 26), Bottega Veneta (5), Gherardini (8), Tiffany & Co. (19a), Gaultier (20), Krizia (23), Roberto Cavalli (42) und Sermoneta Gloves (46). ❧ *Karte N2*

Corso Buenos Aires

In dieser langen Straße tätigen die Mailänder ihre Einkäufe. Hier bieten über 350 Geschäfte ihre Waren an. Die bunte Auswahl reicht von maßgeschneiderten Männer-

hemden und Porzellan von Richard Ginori bis zu CD-Raubkopien. ❧ *Karte P1*

Via San Gregorio

Das Viertel südöstlich von Mailands Stazione Centrale ist ein gut gehüteter Geheimtipp in Sachen Kleiderkauf. Über 100 Läden bieten in Via San Gregorio, Via Boscovich, Via C. Tenca und anderen Straßen reduzierte Markenware an.

Mailänder Märkte

Mailands Hauptmarkt, die Fiera di Senigallia, findet samstags an der Darsena statt. Die Stände des sonntäglichen Flohmarkts stehen rund um die U-Bahn-Station San Donato im Süden. Weitere Märkte gibt es in Via San Marco (montags), Via Benedetto Marcello (nordöstlich der Giardini Pubblici, dienstags) und Viale Pampiniano im Navigli (samstags). Meist schließen sie um 13 Uhr. ❧ *Karten J–K6 (Darsena), M1 (Via San Marco), J5 (Pampiniano)*

Eine Auswahl interessanter Läden in Mailand siehe S. 77f, 89, 96

Links **Englischer Buchladen** Mitte **Juwelierauslage, Via della Spiga** Rechts **Kunst**

🔟 Mitbringsel

1 Designerkleidung
In der internationalen Modemetropole Mailand unterhält jedes große Modehaus, sei es aus Paris, New York oder Florenz, eine Niederlassung. Modefans mit mehr Geschmack als nötigem Kleingeld können in sehr guten Lagerverkauf-Boutiquen fündig werden.

2 Schuhe
Italienische Schuhe sind praktisch und schön, nur schön oder extravagant schön, können ein Leben lang halten oder nur für den einen, ganz großen Auftritt geschustert sein. In Mailand suchen Kenner Spezialgeschäfte auf, um entweder italienische Markenmassenware oder Schuh-Kunst der Alta Moda etwa bei Ferragamo *(siehe S. 78)* oder aber Designerschnäppchen bei Rufus *(siehe S. 89)* zu erstehen.

Prada-Auslage

3 Handtaschen
Wählen Sie zwischen edelstem Design von Prada, Bottega Veneta oder – etwas günstiger – Coccinelle. Aber auch jenseits der Top-Marken finden sich gut verarbeitete, schöne Taschen.

4 Designerware
Italienische Industriedesigner verwandeln Alltägliches wie Wasserkessel oder Saftpressen in richtige Kunstwerke. Die oft witzigen, meist schönen und immer ergonomisch sinnvollen Objekte werden in ganz Italien verkauft. An der Quelle sitzt man am Lago d'Orta. Aus der dortigen Handwerkstradition entstanden im 19. Jahrhundert Unternehmen wie Alessi, Bialetti und Lagostina.

5 Wäsche & Stoffe
Bassetti und Frette bieten erschwingliche elegante Wäsche, die Haute Couture der Haushaltswäsche findet man bei Pratesi und bei Jerusum. Letzterer belieferte im 19. Jahrhundert das italienische Königshaus mit spitzenbesetzter Wäsche.

6 Seide
Como ist seit langem Italiens Hauptproduzent von feinster Seide. Die Mailänder Meister der Alta Moda suchen hier persönlich die Gewebe aus, die sie später auf raffinierteste Weise den Supermodels auf den Leib schneidern werden. Die edlen Stoffe werden in Comos Fabrikläden sowie in Geschäften in der ganzen Lombardei verkauft.

7 Kunst & Antiquitäten
Mailands Kunsthändler bieten vielfach byzantinische und barocke Kunst weniger bekannter Künstler sowie in Hülle und Fülle Ölgemälde aus dem 19. Jahrhundert und andere erschwingliche

Italienische Lebensart und Lebenskunst drückt sich auch im typisch italienischen, edlen Design aus.

Arbeiten. In den Antiquitätenläden finden sich v. a. venezianische Stühle aus dem 18. Jahrhundert, Holzschränke im Land-
hausstil und Empire-Uhren.

8 Wein
Lombardische Weine sind
hervorragend (siehe S. 67). Im
benachbarten Veneto gedeihen
Valpolicella, Pinot Grigio und
Soave, und im Piemont wachsen
die Reben für die kräftigen Roten
Barolo, Barbera und Barbaresco.

9 Bücher
Warum nicht: Ein aufwändi-
ger Katalog der Mailänder Galerien, ein schöner Bildband über
die Seen oder eine Übersetzung
des Klassikers *I Promessi Sposi*
(Die Verlobten, siehe S. 50) sind
wunderschöne Souvenirs.

10 Schmuck
In Sachen Schmuck zählt
Mailand zwar nicht zu den europäischen Top-Adressen, doch die
hiesigen Juweliere arbeiten
exzellent. Auffällig sind etwa die
Kreationen von Donatella Pellini,
dem Minimalismus frönt Xenia.
Klassischer geben sich Gobbi
1842 und v. a. Mario Buccellati.
Das Unternehmen produziert seit
1919 exquisiten Schmuck und
elegantes Silber.

Glasantiquitäten, Via Montenapoleone

Top 10 Modehäuser und Modedesigner

1 Armani
Die Kreationen von Italiens
Zar unter den Modezaren ha-
ben (zu) viele Nullen auf dem
Preisschild, doch sie lassen
Normalsterbliche wie Models
aussehen.

2 Versace
Der Meister der »schrillen
Eleganz« schuf in den 1980er
Jahren Kostüme für viele Insze-
nierungen an der Scala.

3 Prada
Unterkühlt mit extremen
Preisen: Der Mailänder Designer Prada peppte den Minimalismus mithilfe eines kleinen
roten Streifens auf.

4 Mila Schön
Revolutionierte in den
1960er Jahren die Mode mit
Wendestoffen.

5 Krizia
Seit 1954 spielt Mariuccia
»Krizia« Mandelli mit Trends
und gewinnt Preise.

6 Ermenegildo Zegna
In vierter Generation legt
man hier Wert auf die Umwelt
sowie auf feinste Kaschmir-,
Merino- und Mohairwolle.

7 Moschino
Seit 1983 ein *enfant terrible*
der Mailänder Modeszene.

8 Missoni
Das Ehepaar Missoni be-
zaubert seit 1953 die Modewelt
mit knallbunten Strickwaren.

9 Trussardi
Das 1910 von einem Hand-
schuhmacher aus Bergamo
gegründete Unternehmen produziert fantastische Leder-
accessories u. a.

10 Ferré
Die neueren Linien wenden
sich an eine junge Klientel (GFF
und Ferré Jeans) oder bieten
auch Übergrößen (Ferré Forma).

Mailänder Top-Mode in der Innenstadt siehe S. 77

Links **Auditorium di Milano** Rechts **Rolling Stone**

TOP10 Unterhaltung in Mailand

1 La Scala

Nicht nur in Mailand, sondern weltweit zählt die Scala zur absoluten Opern-Elite. Hier agierte Verdi als Hauskomponist und verzauberte die Callas das Publikum. Für die Kostüme sind oft die weltbesten Modedesigner zuständig. Solange die im 18. Jahrhundert erbaute Scala renoviert wird (bis 2005), finden die Aufführungen im Teatro degli Arcimboldi statt *(siehe S. 74)*.

2 Scimmie

Das Scimmie ist Bar, Restaurant, Pizzeria und Jazzklub, in dem nicht nur Jazz gespielt wird. Im Sommer findet die Party auch auf dem dazugehörigen Boot statt. Seit 1971 bereichert das Monkeys Naviglis Nachtleben mit täglicher Livemusik bis 3 Uhr morgens *(siehe S. 96)*.

3 Auditorium di Milano

Seit 1999 spielt das Mailänder Symphonieorchester »Giuseppe Verdi« in dem umgebauten Kino aus den 1930ern, das nach dem Zweiten Weltkrieg jahrzehntelang verfiel. Riccardo Chailly dirigiert hier von Ende September bis Mai Konzerte. ◉ *Via S. Gottardo 42 • www.auditoriumdimilano.org • Konzerte: Do, Fr 20.30Uhr, So 16 Uhr; Kammermusik: So 11 Uhr; Kindermusikprogramm: Sa 15.30 Uhr*

4 Propaganda

Hightech-Clubbing mit TV-Monitoren, Internet-Zugang und Livekonzert-Übertragungen. Den Verzehr speichert eine Chipkarte, bezahlt wird zum Schluss. Hier hört man modernen Pop und Hip-Hop, aber auch Oldies aus den 1960er und 1970er Jahren – kein Wunder, schließlich gehört das Propaganda Altrocker Vasco Rossi, der in Italien seit Jahrzehnten Hits landet. ◉ *Via Castelbarco 11*

5 Magazzini Generali

Die höhlenartigen Magazzini Generali bieten für jeden etwas: Bühne und Saal mit 1000 Sitzplätzen für Live-Auftritte, Galerie für Kunstausstellungen, Örtlichkeiten für Dichterlesungen und noch viel mehr ... ◉ *Via Pietrasanta 14*

6 Plastic

Wer für das echte Kluberlebnis Türsteher und rote Samtschnüre braucht, die den Plebs abhalten, der wird sich

La Scala

Ausgehtipps in Mailand siehe S. 74, 80, 90, 96

Magazzini Generali

im Plastic sicherlich wohl fühlen. In dem derzeit angesagten Klub wird bei Techno, House und Jungle kräftig gebaggert (donnerstags ist offizielle Schwulen-/Lesbennacht). Im Billardzimmer gibt man sich zum Sound der Jukebox locker. ◈ Viale Umbria 120

Rolling Stone
7 Das Rolling Stone ist wie die Band, nach der es heißt: ein Klassiker. In die schnörkel- und kompromisslose Rock-Disko in einem ehemaligen Kino strömen Menschenmassen zu den definitiv besten Rockkonzerten der Stadt. Im Rolling Stone gaben sich schon Größen wie Iron Maiden, Van Morrison, Nick Cave und Oasis die Ehre. An den Wochenenden, an denen keine internationalen Stars auftreten, lassen Mailands Top-DJs die Boxen dröhnen. Die Menge dankt's und tobt sich aus (siehe S. 96).

Le Trottoir
8 Im künstlerisch ambitionierten Trottoir in Brera drängelt sich bei Konzerten das begeisterte Publikum auf kleinem Raum vor der noch kleineren Bühne. Seiner Popularität tut dies keinen Abbruch. Zwei Dinge sollte man hier nicht erwarten: einen Tisch zu ergattern und seinen Nachbarn zu verstehen (siehe S. 90).

Hollywood
9 In dem Veteran von 1986 hat man von allen Klubs in Mailand die beste Chance, ein echtes internationales Supermodel zu erspähen. Im glamourösen Hollywood treffen sich immer noch die Schönsten der Stadt – gut gestylt sollte man hier auf jeden Fall sein (siehe S. 90).

Tunnel
10 Das Tunnel ist eigentlich ein Lagerhaus, das sich unter den Bögen auf der Rückseite des Hauptbahnhofs Stazione Centrale duckt. Hier lernt man die neuesten Trends der italienischen Musikszene kennen. Auch internationale Avantgarde-Bands und Top-DJs treten auf (siehe S. 90).

Links **Radfahren in Mantua** Rechts **Der Vergnügungspark Gardaland**

Attraktionen für Kinder

1 Mailands Duomo
In dem gotischen Wunderland aus Strebepfeilern, Spitzen, Wendeltreppen, Heiligenstatuen und Chimären gehen Kinder und Junggebliebene von fünf bis 95 mit Vergnügen auf Entdeckungsreise *(siehe S. 10f)*.

2 Italiens bestes Wissenschaftsmuseum
Mailands Museo Nazionale della Scienza e delle Tecnica verfügt über eine beeindruckende technische Sammlung, mit Oldtimern, Dampfmaschinen, einem Planetarium sowie Tausenden von Modellschiffen im dazugehörigen Schifffahrtsmuseum. Star des Museums ist Leonardo da Vinci. Das Renaissance-Genie »erfand« (auf dem Papier) alles Erdenkliche vom Hubschrauber bis zum mechanischen Gerät. Lebensgroße Modelle wecken die Neugier auf Technik und auf die Renaissance *(siehe S. 93)*.

3 Marionettentheater
In Italien gründet das Puppentheater auf einer uralten Tradition, es umfasst sizilianische Dramen über Sarazenen und die Ritter Karls des Großen ebenso wie die neapolitanischen Pulcinella-Kasperltheater. Puppenspieler wie Cosetta und Gianni Colla in Mailands Teatro delle Marionette widmen sich dieser vom Aussterben bedrohten Kunst und passen sie einem modernen Publikum

Gelato (Eiscreme)

an. ◈ Teatro delle Marionette, Via Olivetani 3b, Mailand • 02-469-4440 für Spielplan.

4 Mailands Spielzeugmuseum
Der Geschichte des Spielzeugs vom 18. Jahrhundert bis heute widmet sich in Mailand das Museo del Giocatolo e del Bambino. Zwar sind die Objekte in Augenhöhe der Kinder hinter Glas ausgestellt und deshalb nur begrenzt interessant, Spielspaß findet sich jedoch in einem kleinen Spielzimmer. ◈ Via R. Pitteri 6, Mailand • Di–So 9.30–12.30 Uhr, 15–18 Uhr • Eintritt

5 Eisessen
Italienisches *gelato* ist schlicht das beste Eis der Welt. In ganz Mailand bieten klassische Eisdielen die kalte Köstlichkeit an. Zu den bekanntesten zählen Rachelli (Via Hugo 4), Bastianello (Via Borgogna 5) und Grasso (Viale Doria 17). Kenner bevorzugen hausgemachtes Eis aus »produzione propria«. Am besten erkennt man die Qualität an der Farbe etwa des Bananeneises: Dieses ist naturbelassen eher grau und nicht hellgelb.

6 Fußball
Ein spannendes Fußballspiel *(calcio)* in Mailands imposantem Stadion San Siro *(siehe S. 88)* gefällt Sportfans aller Altersklassen. Da mit Inter und AC Milan zwei Spitzenvereine der ersten

Interessant auch für Kinder: Villen & Gärten **siehe S. 42f**

Liga in Mailand beheimatet sind, hat man gute Chancen auf ein spannendes Match. Spielpläne findet man auf den Websites der Klubs, die der anderen lombardischen Erstligisten Como und Brescia auf der Website Lega-Calcio. ✎ www.inter.it • www. acmilan.com • www.lega-calcio.it

7 Gardaland
Italiens bekanntester Themenpark ist zwar nicht mit Disneyland zu vergleichen, bietet aber viel Spaß mit Achterbahnen, Dschungelsafari, Wasserpark u.a. *(siehe S. 117)*. Hier können ältere Kinder einen unterhaltsamen Tag verbringen, während die Eltern wieder einmal »langweilige Villen und Gärten« besichtigen, über die sich der Nachwuchs vielleicht schon heftig beklagt.

8 Windsurf-Kurse am Gardasee
Der Gardasee ist das ideale Revier für Surfer aller Klassen. Hier weht der Wind stark genug für die Könner und das meist relativ ruhige Wasser gibt auch Anfängern die Chance, den reizvollen Sport zu erlernen.

9 Burgen an den Seen
In den Burgen der Lombardei kann man in das Mittelalter eintauchen und wie ein alter Ritter Wachtürme und Zinnen erklim-

Windsurfer am Gardasee

men. Das Castello Sforzesco in Mailand *(siehe S. 16f)* ist größtenteils ein Museum, doch bei Führungen gelangt man auch auf die Brustwehren. Die faszinierenden Burgen an den Seen sind oft Museen oder aber romantische Ruinen. Die schönsten Burgen sind in Varenna *(siehe S. 110)* sowie in Arco, Malcésine und Sirmione *(siehe S. 117)* am Gardasee.

10 Radfahren in Mantua
Im von Seen umgebenen Mantua stören keine lästigen Erhebungen den Fahrradspaß, ebensowenig in den Ebenen entlang dem Mincio. Eine Fahrradtour ist eine gute Abwechslung von all den Kirchen und Museen, deren schiere Menge und Klasse selbst eingefleischte Kunstfreunde regelrecht erschlagen können.

Die Rocca Scagliera in Sirmione am Gardasee

Links **Cova, Mailand** Mitte **Caffè del Tasso, Bergamo** Rechts **I Portici del Comune, Cremona**

🔟 Cafés & Weinlokale

1 Zucca (Caffè Miani), Mailand

Verdi und Toscanini kehrten hier nach der Arbeit in der Scala ein, und für König Umberto I. stand fest, dass das Zucca den besten Kaffee Mailands serviert. Verewigt wurde es in Boccionis Gemälde *Schlägerei in der Galleria (siehe S. 12)*. Das Café mit dem herrlichen Blick auf den Duomo *(siehe S. 80)* residiert seit 1868 in der Galleria Vittorio Emanuele *(siehe S. 56)*, der Jugendstildekor ist etwas jünger.

Caffè Zucca, Mailand

Oberschicht beliebte Café serviert fantastische hausgemachte Kuchen, Pralinen und Sandwiches sowie einen himmlischen Cappuccino. Wer vom Bummeln geschafft ist und nicht mehr stehen möchte, lässt sich gern in dem kleinen eleganten Teesalon bedienen. Man kann hier aber auch wie überall in Italien nur schnell im Vorübergehen einen Espresso an der Bar trinken *(siehe S. 80)*.

2 Cova, Mailand

Die Familie Faccioli eröffnete das Cova nahe der Scala im Jahr 1817. Auch nach seinem Umzug in Mailands wichtigste Einkaufsstraße, Via Montenapoleone, blieb es bis heute im Besitz der Familie. Das bei der Mailänder

3 Sant'Ambroseus, Mailand

Von der Holztäfelung bis zu der rosa Stuckdekoration ist das Sant'Ambroseus Zoll für Zoll ein Kaffeehaus aus dem Jahr 1936. Die Spezialität dieses italienischen Schokoladenmekkas heißt *ambrogiotti*: eine Köstlichkeit aus Creme in einem Mantel dunkler Schokolade *(siehe S. 80)*.

Familientradition im besten Sinn: Cova, Mailand

Top 10 Restaurants siehe S. 68f

Pasticceria Marchesi, Mailand

4 10 Corso Como, Mailand

Ex-*Vogue*-Redakteurin Carla Sozzani führt das Café mit der gleichen überteuerten und äußerst erfolgreichen Schickimicki-Attitüde wie die dazugehörige Boutique. Das Café serviert hervorragende *aperitivi*, die man auf Tuchfühlung mit Mailands Schickeria schlürft *(siehe S. 89).*

5 Caffè Letterario, Mailand

Teresa D'Ambrosio wollte eine Lokalität in der Art von Fin-de-Siècle-Cafés einrichten, ein Refugium und Treffpunkt für Künstler, Schriftsteller, Professoren und politische Denker. Offensichtlich haben Mailands Intellektuelle den Köder geschluckt und das Café als Institution angenommen. 🛇 *Via Solferino 27*

6 Bar Magenta, Mailand

Das hübsche Eck-Café ist eine Mischung aus irischem Pub und Pariser Art-déco-Café, mit Messingbar, hoher Decke, Zeitungen und einer anständigen Speisekarte. Hier werden Kaffee, Bier, Cocktails und Aperitife serviert *(siehe S.90).*

7 Pasticceria Marchesi, Mailand

Das wunderbar altmodische Café mit Konditorei wird von vielen Besuchern auf dem Weg zum *Abendmahl* »entdeckt«. In seit 1824 unverändertem Ambiente werden Kaffee und selbst von Giorgio Armani goutierte Kuchen serviert *(siehe S. 90).*

8 Vineria Cozzi, Bergamo

Lassen Sie sich nicht von den überladenen Fensterdekorationen und Vogelstimmen vom Band vergraulen – in ganz Bergamo kann man hier am besten für eine oder zwei Stunden bei Wein, Käse, Wurst, Quiche und Kuchen entspannen *(siehe S.128).*

9 Caffè del Tasso, Bergamo

Seit über 500 Jahren treffen sich im Tasso alle: Prinzen, aber auch Rebellen wie Garibaldi. Das Lokal galt früher als revolutionäre Brutstätte. Davon zeugt noch heute ein an der Wand befestigtes Dekret von 1845, in dem aufrührerische Reden im Tasso verboten werden. Heute ist das revolutionäre Mütchen gekühlt, nur die Cappuccino-Preise rufen gelegentlich noch leisen Widerstand hervor *(siehe S. 128).*

10 I Portici del Comune, Cremona

Die besten Plätze der ganzen Stadt finden sich an den Tischen vor dem Café. Unter den luftigen mittelalterlichen Arkaden ist der Blick unverstellt auf die Fassade des Duomo. Empfehlenswert: der Kaffee, die *panini* und das *gelato (siehe S. 128).*

Vineria Cozzi, Bergamo

Lombardische Weine siehe S. 67

Links **Köstliches Arrangement in Bellagio** Mitte **Käsespezialitäten** Rechts **Gebratene Polenta**

₁₀ Lombardische Delikatessen

1 Cotoletta alla Milanese
Das panierte Kalbskotelett wirkt wie ein Beweis für die germanische Urseele der Lombarden: Mailands Nationalspeise ist eine Art Wiener Schnitzel.

2 Ossobuco
Für diese Delikatesse werden saftige Kalbshaxenstücke mit Mehl bestäubt, leicht angebraten, langsam in einer Wein-Tomatensoße gegart und mit einer *gremolata* aus Zitrone, Petersilie und Knoblauch bekrönt. *Ossobuco* wird am Knochen serviert (der Name bedeutet ja auch »Knochenloch«). Teil des Genusses ist das kräftige Mark, das aus dem Knochen gelöffelt wird.

3 Polenta
Die norditalienische Maisspeise wird verschieden serviert, sei es als Brei oder als feste Paste, die in Scheiben geschnitten ausgebraten wird. Häufig wird sie mit Pilzen oder anderen Zutaten variiert.

4 Risotto alla Milanese
Wenn man in Italien Risotto bestellt, muss man in der Regel mindestens 20 Minuten warten, bis der unter stetem Rühren gekochte Arborio-Rundkornreis die richtige Konsistenz erreicht hat. Da Risotto so zeitaufwändig ist, wird er

Cotoletta alla milanese

in vielen Restaurants nur für mindestens zwei Personen zubereitet. In Mailand färbt und würzt man den Reis gern mit Safran und gibt Gemüse der Saison bei, in Mantua dagegen Wurst.

5 Tortelli di Zucca
Eine Spezialität aus Mantua ist diese leicht süße Vorspeise. Die mit Kürbis gefüllten Teigtaschen werden mit einer Soße aus Butter und Salbei serviert.

6 Strangolapreti
Die Bällchen aus Ricotta und Spinat werden in der Regel unter einem Butter-Parmesan-Überzug serviert, bisweilen auch in Tomatensoße. Die Delikatesse ist so gehaltvoll, dass die Vorstellung kursiert, ein einfacher Prälat könne sie nicht schlucken. Daher der Name: »Priesterwürger«.

7 Casoeûla
Das mächtige Gericht ist eine Mischung aus Suppe, Eintopf und Hauptgericht. Die Mailänder

Risotto mit Fisch

Casoeüla

Spezialität ist eine Krautsuppe mit Würsten, Schweinefleisch, Speck und Polentaklößchen – eine köstliche Kalorienbombe par excellence.

8 Süßwasserfisch

Zahlreiche Fischarten gelangen aus den Seen direkt auf den Tisch. Zu den besten zählen *persico* (Barsch), *lavarello* (eine Weißfischart), *trota* (Forelle), *luccio* (Hecht), *coregone* (noch eine Weißfischart) und *tinca* (Schleie).

9 Käse

Die Lombardei ist die Heimat der würzig-köstlichen Blauschimmelkäse, des berühmten Gorgonzola und des weniger bekannten Taleggio. Von hier stammt auch der oft mit dem Parmesan verwechselte Grana Padana. Am anderen, ganz milden Ende des Geschmacksspektrums angesiedelt sind dagegen der Bel Paese und der Streichkäse Mascarpone.

10 Panettone

In ganz Italien werden um Weihnachten die Schachteln mit dem traditionellen lombardischen Kuchen verkauft, in seiner Heimat wird das mit Rosinen u.a. angereicherte Gebäck ganzjährig verzehrt.

Panettone

Top 10 Weine

1 Bardolino
Der leichte, ausgewogene Rotwein wird im Veneto am Gardasee angebaut.

2 Valtellina
Eine gehaltvolle Sorte des kräftigen Roten vom Comer See heißt »Inferno«.

3 Franciacorta
Italiens DOCG-Schaumwein wächst südlich des Lago d'Iseo; gut: Saten. Rote und weiße DOC-Weine: Cabernet-Merlot bzw. Chardonnay-Pinot.

4 Lambrusco
Aus Mantua, dunkelrot und moussierend. Preiswert, aber gut und ideal zur Pizza.

5 Oltrepò Pavese
Etwas moussierend und leichter als Lambrusco. In der Garda-Region wachsen auch ähnliche Sorten.

6 Garda Bresciano
Zu diesen Weinen aus der unteren Gardaregion zählen etwa der Gropello sowie der vollere Chiaretto aus dem Tal des Mincio.

7 San Martino della Battaglia
Ein herber Weißer aus Tokajertrauben aus dem Friaul; auch als Dessertlikör erhältlich.

8 Lugana
Der ausgewogene Weißwein ist aus Trebbianoreben vom südlichen Gardaseeufer gekeltert.

9 San Colombano
Erstaunlicherweise hat Mailands »Hauswein« DOC-Klasse, obwohl er am Rand einer Industriestadt angebaut wird.

10 Grappa
Italiens Kultschnaps wird aus Trester gebrannt und als *digestivo* nach dem Essen getrunken.

Links **Cracco-Peck** Mitte **Süßwasserfisch** Rechts **Bereit für die Gäste: das Barchetta**

📖 Restaurants

1 Cracco-Peck, Mailand

Diese Bastion der feinen Mailänder Küche wurde 2000/01 komplett renoviert und öffnete unter der Leitung von Carlo Cracco, einem Koch aus Alain Ducasses fabelhaftem Restaurant in Monte Carlo, erneut seine Pforten. Hier serviert man Klassiker wie Risotto, *cotoletta alla milanese* oder *ossobuco (siehe S. 66f)*. Wer unter der Last der Preise zusammenbricht: Gleich um die Ecke befindet sich in der Via Spadari 9 das alte »Peck«. In diesem italienischen Lebensmittelwunderland kann man sich mit fantastischen Zutaten und fertigen Gerichten für ein Picknick de luxe eindecken *(siehe S. 81)*.

Joia

2 Il Teatro del Four Seasons, Mailand

Mailands neuestes Luxushotel überraschte ein bis zum Abwinken verwöhntes Publikum mit zwei Restaurants der Superlative. In dem besseren, raffinierteren Lokal im Erdgeschoss zaubert Chef Sergio Mei kreative mediterrane Küche. Großartig: das Probiermenü *(siehe S. 81)*.

3 La Milanese, Mailand

Besser und authentischer kann man klassische Mailänder Küche eigentlich nicht zubereiten. Der Service ist etwas eigensinnig, aber freundlich, die Karte schnörkellos. Man kann hier einfach nur *risotto e ossobuco* bestellen oder sich sogar mit halben Portionen preisgünstig satt essen *(siehe S. 81)*.

4 Joia, Mailand

Der Schweizer Chefkoch und Besitzer Pietro Leeman öffnete nach Jahren im Orient diesen Mailänder Tempel der vegetarischen Küche, und oft haben seine Gerichte mit Gourmetqualität einen exotischen Touch. Neben Wein gibt es hier auch verschiedene Arten von Cidre und Bio-Bier *(siehe S. 91)*.

5 Al Pont de Ferr, Mailand

Über das Motto dieser kulinarischen Institution in den Navigli kann man bei einem langen, sättigenden Mahl nachdenken: »Gute Küche ist die Freundin des guten Lebens und die Feindin der Gehetzten« *(siehe S. 97)*.

6 Aimo e Nadia, Mailand

Aimo und Nadia Moroni gelten als *die* Spitzenköche in Mailand. Geradezu fanatisch sind sie stets auf der Jagd nach den besten Zutaten, aus denen sie Köstlichkeiten wie Risotto mit Kürbisblüten und Trüffeln zaubern. Das Lokal ist die etwas umständliche Anfahrt vom Stadtzentrum auf jeden Fall wert *(siehe S. 97)*.

 Tipps für Picknicks siehe S. 135

7 Villa Fiordaliso, Gardasee

Das Ambiente ist einfach überwältigend: Neben der historischen Jugendstilvilla (heute ein Hotel), in der d'Annunzio wohnte und Mussolinis Geliebte ihre letzten Tage verbrachte, stehen die Tische auf einer schattigen Terrasse am Ufer. Die Küche ist fantasievoll und international, bisweilen vielleicht etwas zu minimalistisch *(siehe S. 122)*.

8 Il Sole di Ranco, Lago Maggiore

Seit über 150 Jahren betreibt die Familie Brovelli das Gasthaus und die Osteria in dem kleinen Seedorf Ranco. Das Restaurant serviert erstklassige, kreative Küche, im Sommer speist man hier auf der schattigen Terrasse. Die Weinkarte ist mit über 1200 Weinen schlicht umwerfend. Diese kann man beim *Degustazione*-Menü verkosten *(siehe S. 102)*.

9 Barchetta, Comer See

Restaurants in Fremdenverkehrsorten wie Bellagio bieten selten eine solche Qualität wie dieses Lokal. Für das hohe Niveau sorgen Besitzer und Chefkoch Armando Valli und sein Assistent Davide Angelini. Die Hausspezialität ist *sinfonia degli*

Eingang des Barchetta

otto sapori del lago – eine »Symphonie« aus acht verschiedenen Süßwasserfischen. Als Dessert sollte man das traditionelle *paradel* – Honigeis mit Rosinen – nicht verpassen *(siehe S. 112)*.

10 I Due Roccoli, Lago d'Iseo

Bei schönem Wetter speist man hier auf der Terrasse hoch über dem See. Der Blick reicht von einer rosengesäumten Wiese bis zu den bewaldeten Bergen. Die Küche ist superb, serviert fantastischen Fisch und frische lokale Zutaten *(siehe S. 129)*.

I Due Roccoli

Folgende Doppelseite **Die Isola Superiore im Lago Maggiore**

MAILANDS STADTTEILE & OBERITALIENISCHE SEEN

MAILAND & OBERITALIENISCHE SEEN

Links **Schaufenster von Dior** Mitte **Konditorei Cova** Rechts **Galleria Vittorio Emanuele II**

Mailands Altstadt

IE ALTSTADT PRÄSENTIERT *Dom, Oper, königliche Residenz, Villen mit herrlicher Kunst und quirlige Fußgängerzonen. Das Viertel entstand aus der römischen Stadt Mediolanum, deren Stadtmauern schon vor langer Zeit verschwanden. Die Altstadt bietet nicht nur historische Leckerbissen, sondern auch exzellente Einkaufsmöglichkeiten im Quadrilatero d'Oro. In dem »Goldenen Viereck« rund um die Via Montenapoleone residieren auf engstem Raum extrem teure Edel-Boutiquen, Superstores der Haute Couture und Niederlassungen aller Größen der internationalen Mode.*

Grabstein, Via Manzoni

🍴 Sehenswert

1. Duomo
2. Palazzo Reale
3. Santa Maria presso San Satiro
4. Pinacoteca Ambrosiana
5. Palazzo della Ragione
6. Galleria Vittorio Emanuele II
7. San Fedele
8. La Scala
9. Museo Poldi-Pezzoli
10. Museo Bagatti Valsecchi

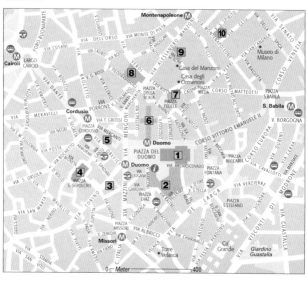

1 Duomo

Der Reiseschriftsteller H. V. Morton *(siehe S. 51)* verglich den Dom mit einem Wald in der Stadt, dessen Dickicht aus Säulen und hohen Gewölbedecken den Mailändern Schatten bietet *(siehe S. 10f).* ✎ *Karte M4*

2 Palazzo Reale

Mailands klassizistische Residenz entstand unter Kaiserin Maria Theresia im 18. Jahrhundert. 1939–56 wurde der aus zwei Pavillons bestehende Anbau Arengario auf der Piazza Duomo errichtet. In seinem riesigen Ballsaal finden Ausstellungen statt, in den anderen Flügeln residieren das Museo del Duomo *(siehe S. 11)* und ein Museum für moderne Kunst *(siehe S. 41)* mit Werken von Boccioni, Modigliani, Morandi, De Chirico und De Pisis. ✎ *Karte M4 • Piazza del Duomo 12*

Im steinernen Dickicht des Duomo

3 Santa Maria presso San Satiro

Renaissance-Baumeister Bramante wusste, wie man einen griechischen Kreuzgrundriss vortäuschen kann: Mangels Platz errichtete er keinen Chor, sondern schuf durch Stuckdekor, flache Nischen und Trompe-l'Œil-Malerei die perfekte Illusion eines von einem Tonnengewölbe bedeckten Chors hinter dem Altar. Sehenswert ist auch die 1483 von dem lombardischen Bildhauer Agostino De' Fondutis geschaffene *Pietà (siehe S. 38f).* ✎ *Karte L4 • Mo–Fr 7.30–11.30 Uhr, 15.30–18.30 Uhr, Sa, So 9–12, 15.30–19 Uhr • frei*

4 Pinacoteca Ambrosiana

Kardinal Frederico Borromeo vermachte der Stadt seine Privatsammlung. Dieser Kunstschatz umfasst Werke von Leonardo da Vinci, Tizian, Caravaggio und anderen, darunter den Originalentwurf für Raffaels berühmte *Schule von Athen (siehe S. 18f).* ✎ *Karte L4*

5 Palazzo della Ragione

Mailands *broletto* (Rathaus) ist ein überwältigender Bau aus dem 13. Jahrhundert *(siehe S. 36).* ✎ *Karte L4 • Piazza Mercanti • zu Ausstellungen geöffnet • Eintritt*

Jesus unter den Schriftgelehrten, Tintoretto, Museo del Duomo

Links **San Fedele** Rechts **La Scala**

6 Galleria Vittorio Emanuele II

Die *gallerie* sind die Vorläuferinnen der modernen Einkaufszentren. Ende des 19. Jahrhunderts überdachte man diese exklusiven Einkaufspassagen mit dem damals letzten bautechnischen Schrei: Stahl und Glas. Dieser Bau, eine Mischung aus Industriezeitalter und Klassizismus zwischen Piazza del Duomo und der Scala, löste einen italienweiten Trend aus. In der Folge entstanden *gallerie* in Neapel, Genua und Rom *(siehe S. 36, 56; Läden S. 77–80).* ◈ *Karte M3*

Mailänder Glück

Das Bodenmosaik im Mittelgang der Galleria Vittorio Emanuele II zeigt ein weißes Kreuz auf rotem Grund, das Wappen des Hauses Savoyen und damit des frisch gekrönten Königs, der 1868 der Galleria seinen Namen verlieh, sowie einen die Stadt verkörpernden Stier. Der Überlieferung zufolge bringt es Glück, auf die Hoden des Stiers zu treten.

Kanzel und der Beichtstühle an der Sakristei schuf der Jesuit Daniele Ferrari. ◈ *Karte M3 • Piazza S. Fedele/Via T. Marino • tägl. 7.30–14.30 Uhr, 16–19 Uhr • frei*

7 San Fedele

Die einschiffige Jesuitenkirche von 1559 wurde zum Vorbild für die lombardische Kirchenarchitektur der Gegenreformation. Die manieristische Innenausstattung umfasste einige schöne Gemälde, etwa Il Ceranos *Vision des hl. Ignatius*, Bernardino Campis *Verklärung* und San Peterzanos *Pietà*. Die Schnitzereien der

8 La Scala

Die grandiose Oper wurde 1776–78 unter den Österreichern erbaut. Sie weist eine wunderbare Ausstattung, exzellente Akustik und eine überwältigende Liste von Erstaufführungen *(siehe S. 51)* auf. Die im Zweiten Weltkrieg beschädigte Scala wurde 1946 mit einer Gala von Arturo Toscanini wieder eröffnet. Bis 2005 ist sie wegen Renovierung nur von außen zu bewundern *(siehe S. 41, 88, 90).* ◈ *Karte M3 • Piazza della Scala • www. teratroallascala.org*

9 Museo Poldi-Pezzoli

Die gigantische Privatsammlung vermachte

Galleria Vittorio Emanuele II

Gian Giacomo Poldi-Pezzoli 1879 der Stadt. Die dazugehörigen Meisterwerke von Piero della Francesca, Bellini, Botticelli, Pollaiolo, Mantegna u. a. stammen aus der zweiten Hälfte des 15. Jahrhunderts. Wunderschön sind auch die venezianischen Stadtansichten aus dem 18. Jahrhundert von Canaletto und Guardi, fantastisch ist der *Jagdteppich* aus Täbriz. In einem von Pomodoro 2000 entworfenen Saal ist eine riesige Waffen- und Rüstungssammlung ausgestellt *(siehe S. 40)*. ◈ *Karte M3 • Via Manzoni 12 • Di–So 10–18 Uhr • Eintritt*

10 Museo Bagatti Valsecchi
Zwei Mailänder Brüder erbauten 1883–94 diesen Palazzo im Stil der Neorenaissance. Sie sammelten unzählige Gobelins, Möbel und Gemälde, die sie in ganz Italien zusammensuchten. Was sie nicht erwerben konnten, ließen sie von einer Armee von Handwerkern imitieren. Ganze Säle aus den Palazzi in Mantua, Urbino und Sondrio wurden nachgebaut. Das Museum ist eine wirkungsvolle Mischung aus Renaissance-Handwerkskunst und romantischer Empfindsamkeit. ◈ *Karte N3 • Via S. Spirito 10/Via Gesù 5 • Di–So 13–17.45 Uhr • Eintritt*

Museo Poldi-Pezzoli

Ein Tag im Zentrum

Vormittag

Beginnen Sie um 10 Uhr mit großer Kunst in der **Pinacoteca Ambrosiana**.

Spazieren Sie danach südwärts zur Via Torino mit dem Kirchenjuwel **Santa Maria presso San Satiro** *(S. 73)*. Folgen Sie der Via Torino nach Norden bis zur Piazza del Duomo, Mailands großem Wohnzimmer.

Im Westen der Piazza biegen Sie in die Via Mercanti ein, wo der **Palazzo della Ragione** mit seinen hohen Arkaden steht. Überqueren Sie den riesigen Domplatz mit dem beeindruckenden **Duomo**, Italiens zweitgrößter Kathedrale *(S. 10f)*. Fast ein Muss ist das Dach.

Verschnaufen Sie bei Käse und Wurst im **Zucca** *(S. 80)* am Eingang der **Galleria Vittorio Emanuele II**, Italiens schönster Einkaufspassage.

Nachmittag

Verlassen Sie die Galleria an der Piazza della Scala. Dort stehen die berühmte Oper, der **Palazzo Marino** *(S. 76)* und dahinter die Kirche **San Fedele**. Nach der Besichtigung geht es Richtung Nordosten weiter zur surrealen **Casa degli Omenoni** *(S. 76)*.

Links steht das **Museo Poldi-Pezzoli**, Richtung Norden locken in der Via Manzoni Palazzi und Armani. Die Straße führt zu Mailands Einkaufsmekka **Via Montenapoleone** *(S. 57)*.

Egal, ob Sie nun den Rest des Tages bummeln oder das **Museo Bagatti Valsecchi** besichtigen: Einen Drink bei **Cova** *(S. 80)* sollten Sie nicht verpassen.

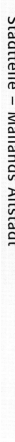

Links **Piazza della Scala beim Palazzo Marino** Mitte **Casa degli Omenoni** Rechts **Casa del Manzoni**

TOP 10 Dies & Das

1 Ca' Grande
An dem massiven Komplex, früher ein Hospital und heute Teil der Universität, wurde 400 Jahre gebaut *(siehe S. 36)*. ◈ *Karte M4–5 • Via Festa del Perdono 5 • Mo–Fr 7.30–19.30 Uhr, Sa 8–11.30 Uhr • frei*

2 San Nazaro Maggiore
Im 16. Jahrhundert wurde die vierte Basilika des heiligen Ambrosius umgestaltet. Bramantino baute die Cappella Trivulzio hinzu. Sehenswert: Laninos *Martyrium der hl. Katharina von Alxandria.* ◈ *Karte M5 • Piazza S. Nazzaro • Mo–Sa 7.30–12 Uhr, 15.30–18.30 Uhr, So 7.30–13.15 Uhr, 15.30–19.15 Uhr • frei*

3 Torre Velasca
Der Wolkenkratzer aus den 1950er Jahren ist wie ein mittelalterlicher Turm gestaltet *(siehe S. 36)*. ◈ *Karte M5 • Piazza Velasca 5 • geschl. für die Öffentlichkeit*

4 San Gottardo in Corte
1336 als Rathauskapelle gegründet. ◈ *Karte M4 • Via Pecorari 2 • tägl. 8–12 Uhr, 14–18 Uhr • frei*

5 San Sepolcro
Die Kirche mit der langen romanischen Krypta wurde 1030 auf dem alten römischen Forum erbaut. ◈ *Karte L4 • Piazza S. Sepolcro • Mo–Fr 12–14 Uhr • frei*

6 Palazzo Marino
Mailands manieristisches Rathaus *(siehe S. 37)*. ◈ *Karte M3 • Piazza della Scala/Piazza S. Fedele • geschl. für die Öffentlichkeit*

7 Casa degli Omenoni
Ein Jugendstilturm flankiert die großartige Fassade von Leone Leonis Wohnhaus (16. Jh.; *siehe S. 37*). ◈ *Karte M3 • Via Omenoni 3 • geschl. für die Öffentlichkeit*

8 Casa del Manzoni
Der Schriftsteller Manzoni *(siehe S. 50)* lebte im 19. Jahrhundert in dem klassizistischen Palazzo, der heute ein Museum ist. ◈ *Karte M3 • Via Morone 1 • Öffnungszeiten unter 02-8646-0403 • frei*

9 Palazzi in der Via Manzoni
Zwischen der Scala und der Porta Nuova stehen einige Villen aus dem 18. und 19. Jahrhundert: Brentani (Nr. 6), Anguissola (Nr. 12), Poldi-Pezzoli *(siehe S. 74f)*, Gallarati Scotti (Nr. 30), Borromeo d'Adda (39–41). ◈ *Karte M3–N2 • Via Manzoni • geschl. für die Öffentlichkeit*

10 Museo di Milano
Bologninis Villen, Ausstellungen über Mailands Geschichte und Familien sowie Exponate zur Seefahrt. ◈ *Karte N3 • Via San Andrea 6 • Di–So 9–17.30 Uhr • frei*

Links **Prada** Mitte **Gianni Versace** Rechts **Gianfranco Ferré**

10 Mailänder Modeboutiquen

1 Prada
Hauptgeschäfte des Unternehmens, das von einer Handtaschenfirma zu der Erfolgsstory der Alto Moda in den 1990er Jahren aufstieg. ✎ *Karte M3 • Galleria Vittorio Emanuele II & Via Montenapoleone 8*

2 Gianni Versace
Fünf Etagen v. a. mit Männermode, die Damen werden oben fündig. Bei Versace wird selbst Alltägliches zur Überraschung. ✎ *Karte N3 • Via Montenapoleone 11 (das etwas günstigere Label Versus in der Via San Pietro all'Orto)*

3 Trussardi
Die Handschuhfirma aus Bergamo ist 90 Jahre alt und zählt zu zu den Top-Marken für geschmeidige Lederware und Prêt-à-porter-Mode. ✎ *Karte N3 • Via Sant'Andrea 5*

4 Moschino
Die ganze Palette von Jeans bis Prêt-à-porter von dem Moderebellen, der 1994 jung verstarb. ✎ *Karte N3 • Via Sant'Andrea 12 (auch Via Durini 14)*

5 Gianfranco Ferré
Der ehemalige Architekt unterstreicht gekonnt die natürliche Schönheit seiner Kundinnen. Eine Filiale führt nur Männermode. ✎ *Korso N3 • Via Sant'Andrea 15 (Damen); Corso Venezia 6 (Herren)*

6 Missoni
Mit ihrer farbenfrohen Strickware haben Ottavio und Rosita Missoni die Modedoktrine Mini-

malismus und Schwarz grundlegend umgekrempelt. ✎ *Karte N3 • Via Sant'Andrea Ecke Via Bagutta*

7 Ermenegildo Zegna
Hauptladen des von der vierten Generation betriebenen Modeimperiums, das von der Wolle bis zum letzten Stich an seiner eleganten Geschäfts- und Freizeitmode unerbittlich auf Qualität achtet. ✎ *Karte N3 • Via P. Verri 3*

8 Krizia
Stammt aus Bergamo und liebt antizyklische Mode, setzt Buntes gegen schwarze Trends, Minirock gegen brave Saumlängen. ✎ *Karte N2 • Via della Spiga 23*

9 Giorgio Armani
Das erste große Warenhaus mit nur einer Modemarke – natürlich von Mailands ureigenstem »Guru«. ✎ *Karte M2 • Via Manzoni 31*

10 Mila Schön
Für alle, die die Kleidung von Alitalia und der italienischen Fußballnationalmannschaft schön finden. ✎ *Karte M2 • Via Manzoni 45*

Mehr zu Mailands Top-Modedesignern **siehe S. 59**

77

Links **Ferragamo** Rechts **Dolce & Gabbana**

Italienische Designerläden

1 Max Mara
Nach über 50 Jahren in der obersten Damenmodenliga wirkt die Prêt-à-porter-Mode der Familie Maramotti jünger als je zuvor.
◈ *Karte N3 • Corso Vittorio Emanuele II*

2 Alessi
Teekessel, Silberwaren und viele andere schöne Objekte von den Besten des internationalen Industriedesigns entworfen und in der Lombardei produziert.
◈ *Karte N3 • Corso Matteotti 9*

3 Ferragamo
Der Florentiner Schuster Salvatore Ferragamo erhob Schuhe zur Kunst, die Stars von Greta Garbo bis Sophia Loren schmückte. Heute gibt es auch eine Modelinie. ◈ *Karte N3 • Via Montenapoleone 3 (Damen) und 20 (Herren)*

4 Mario Buccellati
Seit 1919 wurden bei Buccellati keine zwei gleichen Stücke gefertigt. Jedes Juwel und jeder Silberschmuck wird von exzellenten Künstlern per Hand gearbeitet. ◈ *Karte N3 • Via Montenapoleone 4*

5 Etro
Etros Warenzeichen und Pegasus-Logo erscheinen auf Seiden-, Kaschmir- und feinster Wollware. ◈ *Karte N3 • Via Montenapoleone 5 (verbilligte Ware in der Via Spartaco 3)*

6 Valentino
Das New Yorker Metropolitan Museum organisierte schon eine Ausstellung mit Valentinos künstlerischer, eleganter, schicker Mode. ◈ *Karte N3 • Via Montenapoleone 20*

7 Frette
Zählt zu Italiens besten Wäscheläden. Pyjamas, Laken und Kissen in bester Qualität.
◈ *Karte N3 • Via Montenapoeone 21*

8 Gucci
Zwar ziert kein Doppel-»G« mehr die Produkte der von einem Florentiner Sattelmacher gegründeten Firma, ihre Qualität ist jedoch immer noch superb. ◈ *Karte N3 • Via Montenapoleone 27*

9 Laura Biagiotti
Die »Königin des Kaschmirs« kreiert seit 1972 lässig-elegante Mode. Die Linie Più passt auch fülligeren Frauen. ◈ *Karte M2 • Via Borgospesso 19*

10 Dolce & Gabbana
Eleganz und Qualität jenseits steifer Ernsthaftigkeit. D&Gs ganze Produktpalette kann in diesen zwei Filialen durchstöbert werden. ◈ *Karte N2 • Via della Spiga 2 (Damen) und 26 (Herren)*

Termine der Mailänder Modemessen
www.modedesign.de/Messekalender.de

Links und Mitte **La Città del Sole** Rechts **American Bookstore**

🔟 Interessante Shopping-Oasen

1 Franco Maria Ricci
Der kleine, hochklassige Mailänder Verlag bringt wunderschöne (und sehr teure) Bildbände auf den Markt. 🌐 *Karte N4 • Via Durini 19*

2 Cravatterie Nazionali
Krawatten über Krawatten von Italiens Top-Designern. 🌐 *Karte N3 • Via San Pietro all'Orto 17*

3 Mortarotti
Müde vom Bummeln? Hier werden die meisten großen Marken für Damenmode angeboten: Ferré, Missoni, Roberto Cavalli, Allegri, Eva Branca und andere. 🌐 *Karte N3 • Via Montenapoleone 24*

4 Dmagazine
Mitten im Modeviertel ein Laden mit reduzierter Ware von großen Namen wie Fendi, Armani, Prada oder Helmut Lang. Die Auswahl ändert sich täglich, weshalb man hier öfter auf Schnäppchenjagd gehen sollte. 🌐 *Karte N3 • Via Montenapoleone 26*

5 Silbernagl
Eine bunte Mischung aus Möbeln, Porzellan, Malerei aus dem 19. und 20. Jahrhundert, altem Schmuck, orientalischen Vasen und anderen Accessoires für das elegante Heim. 🌐 *Karte M2 • Via Borgospesso 4*

6 Ricordi
Im Untergeschoss der Galleria liegt die Mailänder Filiale der Musikkette Ricordi. Ihre Erfolgsgeschichte begann mit der Veröffentlichung der Werke von Rossini, Verdi, Bellini und Puccini. 🌐 *Karte M3 • Galleria Vittorio Emanuele II*

7 Libreria Internazionale Accademia
Die Libreria bietet eine exzellente Auswahl von reduzierten Kunst- und anderen schönen Bänden, im Obergeschoss antiquarische fremdsprachige Bücher. 🌐 *Karte M3 • Galleria Vittorio Emanuele II*

8 La Città del Sole
Filiale einer Kette von ausgezeichneten Spielwarenläden. 🌐 *Karte L4 • Via Orefici 13*

9 Gastronomia Peck
Der Mailänder Delikatessenladen der Superlative bietet seit 1883 auf drei Etagen alle erdenklichen Köstlichkeiten. Das teure Restaurant liegt in der Nähe (siehe S. 81). 🌐 *Karte L4 • Via Spadari 9*

🔟 American Bookstore
Der beste englischsprachige Buchladen in der Mailänder Innenstadt. 🌐 *Karte L3 • Via Camperio 16*

Mehr über Einkaufsmeilen und Souvenirs **siehe S. 56–59**

Links **I Panini della Befi** Mitte **Cova** Rechts **Caffè Martini**

TOP 10 Bühnen, Klubs & Cafés

1 Zucca in Galleria (Caffè Miani)

Dem schönen Jugendstilcafé mit Blick auf den Duomo gebührt die Ehre, in Mailand den Campari als Aperitif eingeführt zu haben *(siehe S. 64)*. ✎ *Karte M3 • Galleria Vittorio Emanuele II/Piazza Duomo 21 • www.caffemiani.it • €*

2 Caffè Martini

Das Café ist teuer, bietet aber eine fantastische Aussicht auf den Duomo, Prozessionen und Demonstrationen. ✎ *Karte L3 • Via dei Mercanti 21 • €*

3 La Banque

Abends ist das Mittagslokal für Geschäftsleute *(siehe Eintrag 7, S. 81)* eine der wenigen Diskotheken in Mailand-Mitte. Livemusik nach 23 Uhr. Yuppie-Publikum. ✎ *Karte L3 • Via Porrone 6 • 02-8699-6565 • www.labanqueweb.com*

4 La Scala

Die Scala *(siehe S. 74)* wird renoviert, die Opern finden im Teatro degli Arcimboldi *(siehe S. 90)* statt. ✎ *Karte M3 • Piazza della Scala • www.teatrodellascala.org*

5 Nepentha

Nur ein paar Straßen südlich vom Mailänder Duomo gelegen. Hier speisen und tanzen die Schönen und Reichen. ✎ *Karte M4 • Piazza Diaz 1*

6 I Panini della Befi

In der beliebten Mittagsbar in einer kopfsteingepflasterten Fußgängerzone verzehrt man im Schatten von Sonnenschirmen himmlische *panini* und guten Kaffee. ✎ *Karte N4 • Via Passarella 4 • €*

7 Sant'Ambroseus

Das historische Café und zugleich Teesalon ist auch berühmt für seine köstlichen Schokoladen *(siehe S. 64)*. ✎ *Karte N3 • Corso Matteotti 7 • €*

8 Cova

Das Café im Herzen von Mailands Einkaufsviertel serviert seit 1817 exzellenten Kaffee und herrliches Gebäck *(siehe S. 64)*. ✎ *Karte N3 • Via Montenapoleone 8 • €*

9 Ice Nice

Abseits des Haupteinkaufsviertels serviert man hier Snacks und Sushi, Kaffee und Cocktails. ✎ *Karte M2 • Via Borgospesso • €*

10 Conservatorio Giuseppe Verdi

Das Spitzenkonservatorium lockt mit kostenlosen Konzerten von Mailands Philharmonikern. ✎ *Karte P3 • Via del Conservatorio 12 • frei*

Weitere Informationen über Unterhaltung in Mailand siehe S. 60f

Preiskategorien

Preis für ein Drei-Gänge-Menü pro Person mit einer halben Flasche Wein, inkl. Steuern und Service.		
€	unter 20 €
€€	20–30 €
€€€	30–40 €
€€€€	40–50 €
€€€€€	über 50 €

Links **Luini** Rechts **Schild von Cracco-Peck**

TOP 10 Restaurants

1 Trattoria da Pino
Leider ein Mitglied einer aussterbenden Gattung; in der rustikalen Osteria in dem Raum hinter der Theke zur Straße reicht man traditionelle Gerichte. ✪ Karte N4 • Via Cerva 14 • 02-7600-0532 • Mo–Sa, nur mittags • keine Kreditkarten • €

2 Il Teatro del Four Seasons
Das bessere der beiden Hotelrestaurants des Four Seasons liegt im Erdgeschoss und bietet kreative, exquisite, aber teure Küche (siehe S. 68). ✪ Karte N3 • Via Gesù 8 • 02-77-088 • www.fourseasons.com/milan/index.html • €€€€€€

3 Don Lisander
Kreative regionale, toskanische und französische Küche, Luxusambiente. ✪ Karte M2 • Via Manzoni 12a • 02-784-573 • So geschl. • €€€€

4 Boeucc
Das Lokal in dem Palazzo aus dem 18. Jahrhundert serviert Mailänder Küche. Bei Bankiers und Modegrößen beliebt. ✪ Karte M3 • Piazza Belgioioso 2 • 02-7602-0224 • Sa, So mittags geschl. • €€€€€

5 Al Cantinone
Lombardisch-toskanischer Mix in klassisch-eleganten Räumen. ✪ Karte M3 • Via Agnello 19 • 02-864-1338 • Sa, So mittags geschl. • €€

6 Luini
Hier gibt's zwar nur panzerotti (gefüllte Teigtaschen), doch man kann sich über mangelnde Kunden nicht beklagen. ✪ Karte M3

• Via S. Radegonda 16 • 02-8646-1917
• Mo geschl. • keine Kreditkarten • €

7 La Banque
Preisgünstiges Lokal und Disko in einer ehemaligen Bank. Die klassizistische Rotunde füllen Tische, Diskokugeln und große Bildschirme mit Übertragungen von Modeschauen. ✪ Karte L3 • Via Porrone 6 • 02-8699-6565 • €€€

8 Cracco-Peck
Restaurant mit minimalistischem Schick, livriertem Türsteher und astronomischen Preisen (siehe S. 68). ✪ Karte L4 • Via Victor Hugo 4 • 02-867-774 • So geschl. • €€€€€

9 La Milanese
Der 70 Jahre alte Familienbetrieb ist der Gralshüter der echten Mailänder Küche (siehe S. 68). ✪ Karte L4 • Via Santa Marta 11 • 02-8645-1991 • Di geschl. • €€€

10 Hostaria Borromei
Mailänder und sonstige italienische Küche, frische Zutaten der Saison. ✪ Karte L4 • Via Borromei 4 • 02-8645-3760 • So geschl. • €€

Hinweis: Wenn nicht anders angegeben, akzeptieren alle Restaurants Kreditkarten und bieten auch vegetarische Gerichte an.

Links und Mitte **Galleria d'Arte Moderna** Rechts **Restaurant Brek**

Mailand-Nord

LEONARDO DA VINCIS *berühmtes, verblassendes Fresko, wunderschöne Parks, großartige Museen – das nördliche Mailand hat viel zu bieten. In drei Museen durchwandert man die Zeit vom Mittelalter (im Castello Sforzesco) durch das goldene Zeitalter der Renaissance (in der Brera) bis zu den Herausforderungen der Moderne (in der Villa Reale). Einen Überblick über die Geschichte der Lombardei bieten das der Antike gewidmete Museo Archeologico und das Museo del Risorgimento, das über das 19. Jahrhundert informiert. Im nördlichen Mailand lässt es sich zudem vorzüglich und preisgünstig in den Warenhäusern in dem Viertel südlich des Hauptbahnhofs oder stilvoller am Corso Buenos Aires einkaufen.*

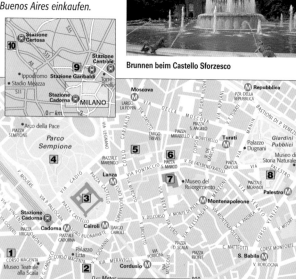

Brunnen beim Castello Sforzesco

Vorherige Doppelseite **Galleria Vittorio Emanuele II**

Pilgerstätte für Kunstliebhaber: Santa Maria delle Grazie

3 Castello Sforzesco

Mailands riesiger Burgkomplex, eine merkwürdige, düstere Mischung aus überdimensionalen Höfen, zierlichen Türmen und hübschen Winkeln, liegt im Nordwesten der Altstadt *(siehe S. 16f)*. ✎ *Karte K2*

1 Santa Maria delle Grazie

Leonardo da Vincis fantastisches Fresko *Abendmahl* an der Wand des Klosterrefektoriums *(siehe S. 8f)* ist berühmter als die Kirche selbst. Sehenswert ist die großartige Renaissance-Tribuna. Sie könnte ein Werk Bramantes sein, der den Kreuzgang und – wahrscheinlich – das Hauptportal schuf. ✎ *Piazza S. Maria delle Grazie • Karte J3 • Kirche Mo–Sa 6.50–12, 15–19 Uhr, So 7.20–12.15, 15.30–21 Uhr • frei • Besichtigung des Abendmahls siehe S. 8*

2 Civico Museo Archeologico

Einige wenige Artefakte der sonst bescheidenen Sammlung verdienen unbedingt Aufmerksamkeit: der grandiose Trivulzio-Becher *(siehe S. 41)*, ein Felsen aus dem Val Camonica *(siehe S. 47)* mit 4800 Jahre alten Felsgravuren aus der Bronzezeit (im Eingangshof) und eine Silberplatte aus dem 4. Jahrhundert. Mit ihren Reliefen der Götter der Erde, des Himmels, des Wassers und des Zodiaks ist sie ein starkes Glaubensbekenntnis an die alten Götter zur Zeit des erstarkenden Christentums. In den im Zweiten Weltkrieg beschädigten Kreuzgängen aus dem 15. Jahrhundert stehen zwei Ziegeltürme aus der Kaiserzeit. ✎ *Corso Magenta 15 • Karte K3 • Di–So 9–17.30 Uhr • frei*

4 Parco Sempione

Der Park entstand aus den herzöglichen Gärten des 15. Jahrhunderts, die heutige von Wegen durchzogene Anlage wurde Ende des 19. Jahrhunderts entworfen. Der Park bietet ein Aquarium in einem Jugendstilbau von 1906, Brunnen (von Giorgio de Chirico u.a.), Ausstellungshallen, eine Sportarena und den triumphalen Arco della Pace *(siehe S. 88)*. ✎ *Piazza Sempione • Karte K2 • Park tägl. 6.30 Uhr–1 Stunde nach Sonnenuntergang • Aquarium Di–So 9.30–17.30 Uhr • frei*

Trutziger Schutz: Mailands Castello Sforzesco

Die Märtyrer von Anaunia

Ambrosius sandte die drei byzantinischen Missionare Sisino, Alessandro und Martirio (der Name brachte kein Glück) zu Bischof Vigilio von Trento. Sie sollten dort die Menschen in den Alpentälern des Trentino missionieren. Doch die Bewohner des Gebiets Anaunia steinigten die Missionare 397 zu Tode. Sie wurden die ersten christlichen Märtyrer der Region.

5 San Simpliciano

Der heilige Ambrosius gründete die 401 vollendete Kirche im 4. Jahrhundert. Sie gilt als Gotteshaus der Märtyrer von Anaunia *(siehe Kasten)*. Im Gegensatz zu den Außenmauern wurde das Innere im 11. und 12. Jahrhundert renoviert und mit den Fresken eines Regenbogens aus Engeln sowie einer *Krönung Mariä* von Bergognone (1515) verziert. In einer Kapelle finden sich Reste eines Freskos aus dem 14. Jahrhundert. ◈ *Piazza S. Simpliciano 7 • Karte L2 • Mo–Sa 7.10–12, 15–19 Uhr, So 7.30–12.30, 16–19 Uhr • frei*

6 San Marco

Die dem Schutzpatron Venedigs geweihte Kirche wurde 1254 zum Dank für die Hilfe der Stadt im Krieg gegen Barbarossa erbaut. Von dem Originalbau verblieben nur das steinerne Haupttor, drei Heiligenfiguren in einer Fassadennische und die Spitze des rechten Glockenturms. Der Rest wurde im 19. Jahrhundert umgebaut, dabei achtete man auf die Fresken (16. Jh.). Um 1950 wurden im rechten Querschiff Fresken aus dem 13. Jahrhundert entdeckt. ◈ *Piazza S. Marco 2 • Karte M2 • tägl. 7.30–13, 16–19.15 Uhr • frei*

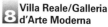
San Marco

7 Pinacoteca di Brera

Im nördlichen Italien rangiert diese Mailänder Galerie gleich hinter Venedigs Accademia (die Brera ist sogar vielfältiger). Seit ihrer Einweihung durch Napoleon residiert die Sammlung in dem Palazzo di Brera der Jesuiten. Das Museum zählt mit seinen Meisterwerken, etwa von Piero della Francesca, Raffael, Bellini, Mantegna und Caravaggio, zu den Top 10 der ganzen Region – *siehe S. 12–15.* ◈ *Karte M2*

8 Villa Reale/Galleria d'Arte Moderna

In der klassizistischen (1790) »königlichen Villa« wohnten 1802 Napoleon und bis 1858 Feldmarschall Radetzky. Heute feiert man hier Hochzeiten oder besichtigt das Kunstmuseum mit Werken von Hayez (Romantik), dem Bildhauer Canova (Klassizismus), Boccioni (Futurismus), von Macchiaioli, Giovanni Fattori und Silvestro Lega, aber auch von Corot, Morandi, Gauguin und van Gogh. Der auf unbekümmerte Reitersmänner spe-

Pinacoteca di Brera

zialisierte Bildhauer Marino Marini (20. Jh.) hat einen eigenen Flügel. ◈ *Via Palestro 16 • Karte N2 • Di–So 9–17.30 Uhr • frei*

9 Cimitero Monumentale
Auf dem riesigen Friedhof aus dem 19. Jahrhundert ist in einem berühmten Grabmonument Alessandro Manzoni *(siehe S. 50)* begraben. Sehenswert sind die Jugendstilgräber reicher Mailänder Familien; auf einer kostenlosen Karte sind die letzten Ruhestätten von Berühmtheiten wie Arturo Toscanini eingetragen. In bestimmten Arealen befinden sich Gräber für Nicht-Katholiken, und ein Denkmal erinnert an die von den Nazis verschleppten Juden. ◈ *Piazza Cimitero Monumentale • Di–So 8.30–17.15 Uhr • frei*

10 Certosa di Garegnano
Von der Kartause aus dem 14. Jahrhundert ist nur die Kirche Santa Maria Assunta mit der Fassade aus der Spätrenaissance verblieben. Die von Daniele Crespi 1629 gemalten Fresken stellen Geschichten aus dem Kartäuserorden dar. ◈ *Via Garegnano 28 • tägl. 7–12, 15–18.30 Uhr • frei*

Galleria d'Arte Moderna

Tour durch die großen Museen in Mailand-Nord

Vormittag

🕐 Um das Pensum zu schaffen, sollten Sie schon zur Öffnungszeit um 9.30 Uhr am **Castello Sforzesco** beginnen. Die Tour geht um etwa 11 Uhr weiter nach **San Simpliciano**, danach Richtung Südosten zur Kirche **San Marco**.

In der Via San Marco essen Sie in der typisch Mailänder Trattoria **Latteria San Marco** *(siehe S. 91)* einfach, aber gut zu Mittag. Danach folgen Sie der Straße bis über die Via Pontaccio, wo in der **Pinacoteca di Brera** eine riesige Kunstsammlung wartet.

Nachmittag

Kunstliebhaber verbringen wahrscheinlich den Rest des Nachmittags in der Pinacoteca. Anschließend locken eine *passeggiata* und das Abendessen. Oder man beendet die Besichtigung nach 90 Minuten. In diesem Fall bleibt genügend Zeit, um auf der Via Fatebenefratelli nach Osten zur Piazza Cavour zu spazieren.

Von Freitag bis Sonntag ist in der Via Manin der **Palazzo Dugnani** *(S. 88)* für Besucher geöffnet. Ansonsten locken hinter den Giardini Pubblici in der Via Palestro moderne Kunst in der **Villa Reale** sowie Dinosaurierskelette und wunderbar altmodische Dioramen aus dem 19. Jahrhundert im **Museo di Storia Naturale** *(S. 88)*.

Krönender Abschluss des anstrengenden Tages ist das Abendessen im **La Terrazza** *(S. 91*, reservieren!).

Links **Pirelli-Hochhaus** Mitte **Palazzo Litta** Rechts **Stadio Meazza**

TOP10 Dies & Das

1 Museo del Risorgimento
In dem Museum über das Risorgimento, der Einigungsbewegung im 19. Jahrhundert, lernen Sie die Helden kennen, nach denen unzählige Straßen Italiens heißen. ✎ *Via Borgonuovo 23 • Karte M2 • Di–So 9–13, 14–17.30 Uhr • frei*

2 Porta Nuova
An dem Stadttor finden sich u.a. römische Grabreliefe und ein Marmortabernakel aus dem 13. Jahrhundert. ✎ *Via Manzoni/ Piazza Cavour • Karte N2 • frei*

3 Palazzo Dugnani
Ein Palazzo (17. Jh.) mit Tiepolo-Fresko und Filmmuseum *(siehe S. 37)*. ✎ *Via Manin 2b • Karte N1–2 • Fr–So 15–18 Uhr • Eintritt*

4 Museo di Storia Naturale
Dinosaurier, ausgestopfte Tiere und andere Exponate zeigt das 1838 gegründete naturhistorische Museum. ✎ *Corso Venezia 55 • Karte P2 • Di–So 9–18 Uhr • frei*

5 Palazzo Litta
In dem weitläufigen Rokokopalais nahe dem *Abendmahl* residieren Italiens Eisenbahn und ein Theater. ✎ *Corso Magenta 24 • Karte K3 • zu Ausstellungen geöffnet*

6 Museo Teatrale alla Scala
Bis 2005 werden hier Exponate rund um die Scala *(siehe S. 74)* gezeigt, von handgeschriebenen Partituren bis zu Kostümen *(siehe S. 41)*. ✎ *Corso Magenta 71 • Karte K3 • Di–So 9–18 Uhr • Eintritt*

7 Arco della Pace
Luigi Cagnola wurde 1807 mit dem Bau des Triumphbogens für Napoleon nicht rechtzeitig fertig. So wurde der Arco schließlich nicht von dem französischen, sondern von einem erfreuten Habsburger Kaiser eingeweiht. ✎ *Piazza Sempione • Karte J1 • frei*

8 Torre Pirelli
Nicht ganz zehn Jahre war er der höchste Wolkenkratzer aus Beton – der hoch über den Hauptbahnhof aufragende Turm am Gelände von Pirellis erster Reifenfabrik ist ein Symbol für die starke Wirtschaft der Lombardei *(siehe S. 37)*. ✎ *Piazza Duca d'Aosta • frei*

9 Ippodromo
Seit 1999 steht an der Rennbahn ein Bronzepferd. Es wurde durch eine US-Stiftung ermöglicht, die da Vincis oft gezeichnetes Pferd für Lodovico »il Moro« endlich verwirklicht sehen wollte. ✎ *Piazzale d. Sport 16 • tägl. 9.30–18 Uhr*

10 San Siro (Stadio Meazza)
In der »Scala des Fußballs« spielen Inter und AC Milan. ✎ *Via Piccolomini 5 • bei Spielen • Eintritt*

Im fußballverrückten Mailand darf auch ein Fußballmuseum nicht fehlen – es gibt eines im Stadion San Siro.

Links **Wein bei Cotti** Rechts **Rufus**

🔟 Läden

1 Spacci Bassetti
In dem Laden mit reduzierter Ware der bekannten Modefirma findet man erschwingliche Bekleidung fast in Haute-Couture-Qualität. ✆ *Via Procaccini 32*

2 10 Corso Como
Die Boutique der ehemaligen Moderedakteurin der italienischen *Vogue*, Carla Sozzani, führt teure In-Marken, die Produktpalette reicht von Mode und Accessoires zu Büchern und Küchenartikeln. Dazu gehört auch ein Café *(siehe S. 65)*. ✆ *Corso Como 10*

3 Docks Dora
Wenn für Sie gute Mode niemals aus der Mode kommt, werden Sie im Mailänder Spitzenladen für Secondhand- und Retromode aus den letzten 40 Jahren fündig. ✆ *Corso Garibaldi 127 • Karte L1*

4 Cotti
In dem 50 Jahre alten Delikatessenladen warten fast 1500 italienische Weine, Schnäpse und andere Spirituosen auf ihre Entdeckung. ✆ *Via Solferino 42 • Karte L1*

5 Memphis
Ein Bummel durch die faszinierenden Objekte der Mailänder Gruppe Memphis lohnt. Sie wurde 1981 von Ettore Sottsass und anderen Jungdesignern gegründet. ✆ *Via della Moscova 27 • Karte L1*

6 Dolce & Gabbana
Die Boutique für die junge Linie von D&G (Damen- und Herrenmode *siehe S. 78*). Sogar cool genug für Madonna ... ✆ *Corso Venezia 7 • Karte P2*

7 Darsena
Klassische Herrenmode zu weniger schockierenden Preisen als im Quadrilatero d'Oro in Mailands Innenstadt *(siehe unter Via Montenapoleone, S. 57)*. Neben der hauseigenen Marke werden Armani und Versace verkauft. ✆ *Corso Buenos Aires 16 • Karte P1*

8 Il Drug Store
Schicke Designermode für die elegante Jugend, die sich Armani und Prada (noch) nicht leistet. ✆ *Corso Buenos Aires 28 • Karte P1*

9 Vestistock
Die Filialen der Modeladenkette für Herren, Damen und Kinder bietet reduzierte italienische Kleidung auch von teuren Marken. ✆ *Via Boscovich 17 (auch in der Viale Romagna 19)*

10 Rufus
Reduzierte Designerschuhe – hier gibt es Schuhe von Spitzenmarken für unter 90 €. ✆ *Via Vitruvio 35*

Links und rechts **Pasticceria Marchesi**

TOP10 Cafés & Bühnen

1 Bar Magenta
Gemütliches Café im Pariser Stil mit Tischen im Freien, gutem Speiseangebot, leckeren Cocktails und Guinness vom Fass *(siehe S. 65)*. ⍟ *Via Carducci 13, Ecke Via Magenta • Karte K3 • €*

2 Pasticceria Marchesi
Herrliches, altmodisches Café (eigene Schokolade) nahe dem *Abendmahl (siehe S. 65)*. ⍟ *Via Santa Maria alla Porta 13 • Karte K3 • €*

3 Bar Jamaica
Eine der vielen Bars und *gelaterie* (Eisdielen) in der Fußgängerzone nördlich der Pinacoteca. Die altehrwürdige Bohème-Bar erhielt ihren Namen von einem einheimischen Journalisten, weil sie seiner Meinung nach der Bar in Hitchcocks *Jamaica Inn* glich. ⍟ *Via Brera 32 • Karte L2 • €*

4 El Tombon de San Marc
Inzwischen hat das San Marc in der Brera eine richtige Speisenkarte, trotzdem lockt es immer noch v.a. der Bar, dem Bier und den langen Öffnungszeiten. ⍟ *Via San Marco 20 • Karte M1 • €*

5 Le Trottoir
Kleine, künstlerisch ambitionierte Disko mit Livemusik, in und vor der sich schicke Mailänder drängeln *(siehe S. 61)*. ⍟ *Corso Garibaldi 1 • Karte L2*

6 Bar Radetzky
In dem seit »Urzeiten« bestehenden minimalistischen, schnörkellosen Café trinkt man am besten morgens einen Espresso und abends einen *aperitivo*. ⍟ *Corso Garibaldi 105 • Karte L1 • €*

7 Bar Margherita
Bequeme, moderne Lounge mit tiefen Sesseln, guten Snacks und feinen Cocktails. ⍟ *Via Moscova 25 • Karte L1 • €*

8 Hollywood
Für Models und Designer ist und bleibt das Hollywood der Hausklub *(siehe S. 61)*. ⍟ *Corso Como 15*

9 Tunnel
In dem Lager unter dem Bahnhof treten künftige Rockstars auf *(siehe S. 61)*. ⍟ *Via Sammartini 30*

10 Teatro degli Arcimboldi
Die vorübergehende Heimat für das Opern- und Ballettensemble der Scala liegt außerhalb Mailands im Vorort Bicocc – doch der weite Ausflug lohnt, immerhin finden hier einige der weltbesten Aufführungen statt *(siehe S. 41, 74)*. ⍟ *Viale dell'Innovazione • www. teatroallascala.org*

Die besten Nachtklubs in Mailand siehe S. 60f

Preiskategorien

Preis für ein Drei-	€	unter 20 €
Gänge-Menü pro Per-	€€	20–30 €
son mit einer halben	€€€	30–40 €
Flasche Wein, inkl.	€€€€	40–50 €
Steuern und Service.	€€€€€	über 50 €

Links **Joia** Rechts **Sukrity**

⁣TOP 10 Restaurants

1 Pizzeria Grand'Italia
Gefragt nach der besten Pizzeria der Stadt nennen selbst kritische Mailänder häufig das Grand. Man bestellt nur Schnitten, keine ganzen Pizzen. ◈ *Via Palermo 5* • *Karte L1* • *02-877-759* • *€*

2 Latteria
Die einfache, köstliche Küche dieser Trattoria in der Brera ist so bekannt, dass man für den Genuss früh anstehen muss. ◈ *Via San Marco 24* • *Karte M1* • *02-659-7653* • *Mo–Fr* • *keine Kreditkarten* • *€€€*

3 La Terrazza
Hier lockt mediterrane Fischküche im Schweizer Konsulat, mit Blick auf den Park. ◈ *Via Palestro 2* • *Karte N2* • *02-7600-2186* • *Sa, So geschl.* • *€€€*

4 Joia
Die fantastischen vegetarischen Kreationen des Schweizer Chefkochs lieben sogar überzeugte Fleischfans. ◈ *Via P. Castaldi 18* • *Karte P1* • *02-204-9244* • *Mo–Sa* • *€€€€*

5 Sukrity
Abwechslung bietet Mailands ältestes indisches Restaurant mit exzellenten Tandooris und Currys. ◈ *Via P. Castaldi 22* • *Karte N1* • *02-201-315* • *www.sukrity.com* • *€*

6 Tipica Osteria Pugliese
Freundlich mit einfacher, sättigender Küche aus Apulien. ◈ *Via Tadino 5* • *Karte P1* • *02-2952-2574* • *So geschl.* • *€€€€*

7 Brek
In den Filialen der italienischen Fastfood-Kette stellt man sich das Essen auf Bestellung an verschiedenen Ständen zusammen. ◈ *Via Lepetit 20* • *02-670-5149* • *So geschl.* • *€*

8 Versilia
Unprätentiöse Trattoria beim Bahnhof, die Karte favorisiert Mailänder Standards. ◈ *Via Andrea Doria 44* • *02-670-4187* • *So geschl.* • *€*

9 Da Abele
Etwas entfernt vom Touristenrummel im Zentrum wird in der wunderbaren Trattoria regional gekocht. Hier genießen Einheimische und Kenner exzellenten Fisch als *primi* und als *secondi* genauso gute Fleischgerichte. ◈ *Via Temperanza 5* • *02-261-3855* • *mittags und Mo geschl.* • *€€*

10 Pizzeria Vecchia Napoli
Neapolitaner machen die beste Pizza – wer es nicht glaubt, sollte in dem lebhaften Lokal die preisgekrönten Holzofenpizzen kosten. Zudem Pasta- und Grillgerichte. ◈ *Via Chavez 4 (bei Via Padova)* • *02-261-9056* • *Mo geschl.* • *€*

Hinweis: *Wenn nicht anders angegeben, akzeptieren alle Restaurants Kreditkarten und bieten auch vegetarische Gerichte an.*

91

Links **Brücke über den Naviglio Grande** Mitte **Rotunda della Besana** Rechts **Abbazia**

Mailand-Süd

D IE VIERTEL SÜDLICH DER *Altstadt* prägen imposante Kirchenbauten: die altehrwürdige Sant'Ambrogio und die majestätische San Lorenzo Maggiore, Sant'Eustorgio mit wunderbaren Schnitzereien und Gemälden, die Renaissance-Perlen Santa Maria della Passione und Santa Maria presso San Celso und die merkwürdige kleeblattförmige La Besana aus dem 19. Jahrhundert. In einem ehemaligen Kloster residiert das exzellente Wissenschafts- und Technikmuseum. Es widmet sich auch Leonardo da Vincis oft zu wenig gewürdigtem wissenschaftlichem Genie mithilfe von hervorragend präsentierten technischen Skizzen und Modellen. Weiter im Süden verlaufen die Navigli-Kanäle. Das Gebiet war früher ein hektisches Handelszentrum, heute findet man in diesem Viertel die bunteste Klub- und Restaurantszene der Stadt.

TOP 10 Sehenswert

1 **Museo Nazionale della Scienza e delle Tecnica – Leonardo da Vinci**

2 **Sant'Ambrogio**

3 **San Lorenzo Maggiore**

4 **Museo Diocesano**

5 **Sant'Eustorgio**

6 **I Navigli**

7 **Santa Maria presso San Celso**

8 **Rotonda della Besana**

9 **Santa Maria della Passione**

10 **Abbazia di Chiaravalle**

San Lorenzo

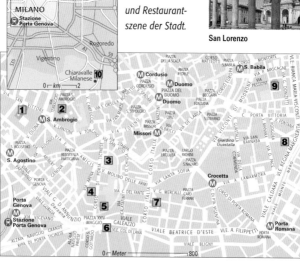

Top 10 Kirchen in Mailand und der Lombardei siehe S. 38f

1 Museo Nazionale della Scienza e delle Tecnica – Leonardo da Vinci

Der Name des Wissenschafts- und Technikmuseums zeugt von geschicktem Marketing – Leonardo da Vinci ist immer ein Publikumsmagnet. Im Hauptsaal stehen Holzmodelle seiner Erfindungen. Auch Marconis Beiträge zur Telekommunikation und interessante Exponate aus Physik, Elektrizität, Filmtechnik und anderen Bereichen begeistern Technikfans *(siehe S. 40)*. ✒ *Via San Vittore 21 • Karte J4 • Di–Fr 9.30–16.50 Uhr, Sa, So 9.30–18.20 Uhr • Eintritt*

2 Sant'Ambrogio

Die wunderschöne Basilika aus dem 4. Jahrhundert rangiert an Bedeutung gleich hinter dem Duomo. Mit ihrem Atrium, frühchristlichen Mosaiken, mittelalterlichen Schnitzereien und Fresken aus der Spätrenaissance zählt sie zu den Top 10 der gesamten Region *(siehe S. 20f)*. ✒ *Karte K4*

3 San Lorenzo Maggiore

Eine Reihe von 16 frei stehenden korinthischen Säulen grenzt den Vorplatz der Kirche von der Straße ab. Sie gehörten einst zu einem Tempel (2. Jh.). Um den riesigen, düster-majestätischen Innenraum verläuft ein auffälliges, ringförmiges Matroneum. Solche erhöhten Frauengalerien sind ein häufiges Baumerkmal in frühchristlichen Kirchen. Rechts finden sich in der Kapelle S. Aquilino Mosaiken aus dem 4. Jahrhundert, ein Sarkophag aus dem 3. Jahrhundert und ein römisches Portal. ✒ *Corso di Porta Ticinese 39 • Karte L5*

Sant'Ambrogio

• *www.sanlorenzomaggiore.com • tägl. 7–18.45 Uhr • frei*

4 Museo Diocesano

Dieses im November 2001 eröffnete Museum beherbergt bedeutende Werke aus den Schatzkammern Mailänder und lombardischer Kirchen. Hier sind neben kleinen Bildern der mittelitalienischen gotischen Schulen der Ära nach Giotto (14. und 15. Jh.) flämische Gobelins aus dem 17. Jahrhundert und einige schöne Altarbilder zu bewundern, darunter Hayez' *Kreuzigung mit Maria Magdalena* und Tintorettos *Die Ehebrecherin vor Christus*. ✒ *Corso di Porta Ticinese 95 • Karte K5 • Di–So 10–18 Uhr • Eintritt*

Kreuzgang von Sant'Ambrogio

Stadtteile – Mailand-Süd

5 Sant' Eustorgio

Sant' Eustorgio

Die Kapellen des rechten Seitenschiffs dieser uralten Kirche wurden im 11. und 13. Jahrhundert angebaut und im 14. und 15. Jahrhundert mit Fresken ausgemalt. Das Triptychon der ersten Kapelle schuf Bergognone. Die beeindruckende *Arca des Petrus Martyr* in der großartigen Cappella Portinari *(siehe S. 39)* ist ein Werk Balduccios. ⬡ *Piazza S. Eustorgio • Karte K6 • tägl. 7.30–12.30, 15.30– 8.30 Uhr • frei*

6 I Navigli

Eine bedeutende Stadt wie Mailand benötigte einen Hafen, deshalb grub man im 12. Jahrhundert das Becken Darsena. Dieses war durch den 50 Kilometer langen Kanal Naviglio Grande mit dem Mincio und somit mit Po und Adria verbunden. Heute sind die Navigli Mailands buntestes Viertel. In den alten Lagerhäusern wurden elegante Wohnungen eingerichtet, Restaurants, Klubs, Bars und Läden säumen die alten Treidelpfade. Abends kann man hier gut essen, junge Leute bevölkern die Bars, und Straßenverkäufer richten improvisierte Basare ein. Die Navigli sind der einzige Stadtteil, in dem auch in den Hundstagen im August die Bürgersteige nicht hochgeklappt werden. ⬡ *südlich u. östlich Piazza XXIV Maggio • Karte J3*

7 Santa Maria presso San Celso

Der Name der bemerkenswert schnell (1493–1506) erbauten Renaissance-Kirche bezieht sich auf die Nähe der angrenzenden romanischen Kirche San Celso. Besonders schön ist das einem Kreuzgang gleichende Atrium vor dem Eingang. Es wurde von Cesare Cesarino entworfen und gilt als eines der gelungensten Mailänder Architekturwerke des frühen 16. Jahrhunderts. ⬡ *Corso Italia 37 • Karte L6 • Mo–Fr 7–12, 17–18 Uhr, Sa, So 7–12, 17–19.15 Uhr • frei*

8 Rotonda della Besana

Die 1713 über dem Grundriss eines griechischen Kreuzes erbaute Kirche dient heute für Ausstellungen. Ein kleiner, von einem schönen vierpassförmigen Arkadengang begrenzter Park umgibt die Kirche. Im Sommer findet im Park Freiluftkino statt. ⬡ *Via Besana/Viale Regina Margherita • Karte P5 • zu Ausstellungen geöffnet*

9 Santa Maria della Passione

Die ursprünglich 1486–1530 über dem Grundriss eines griechischen Kreuzes errichtete, bescheidene Kirche wurde 1573 mit einem massiven Schiff und tiefen Kapellennischen ausgebaut. Sie wurde so zur zweitgrößten Kirche Mailands. Den Innenraum dominieren Arbeiten von Daniele Crespi: ein Porträt von San Carlo in der ersten

Rotonda della Besana

Tagestour durch Mailands Altstadt siehe S. 75

Mailands Kanäle

Das Fremdenverkehrsbüro unterstützt mit einer historisch informativen Audio-CD die Bootstouren auf den Navigli (vorab buchen). Sie finden zweimal täglich statt und werden am Samstag und Sonntag mithilfe von Bussen zu etwa vierstündigen Kultur- bzw. Naturexkursionen ausgedehnt. Informationen unter www.naviganavigli.it oder www.amicideinavigli.org.

Kapelle auf der linken Seite, der Passionszyklus in der Vierung, die Orgeltüren sowie die Fresken im Museo della Basilica rechts vom Altar. ◎ *Via Bellini 2* • *Karte P3* • *tägl. 7–12, 15.30–18 Uhr* • *frei*

10 Abbazia di Chiaravalle

Früher lag diese Abtei auf dem Lande, heute inmitten einer Mailänder Vorstadt. Die 1172–1221 erbaute Abbazia di Chiaravalle hat die Jahrhunderte außerordentlich gut überstanden. Der schöne romanische Bau wurde im 15. und 16. Jahrhundert durch Fresken ausgeschmückt. Das rechte Querschiff ziert eine *Madonna mit Kind* von Luini. ◎ *Via S. Arialdo 102* • *Di–Sa 9–11.45, 15–18.45 Uhr; So 10.30–11.45, 15–18.45 Uhr* • *frei*

Abbazia di Chiaravalle

Ein Tag mit Leonardo

Vormittag

🕐 Auf den Spuren des großen Renaissance-Genies führt die Tour sowohl durch das südliche als auch das nördliche Mailand.

Der Ausflug beginnt an der U-Bahn-Station Cordusio. Dort folgt man der Via Meravigli Richtung Westen bis zur Via S. Maria alla Porta, wo man sich in der **Pasticceria Marchesi** einen Cappuccino gönnt. Historisches gibt es (kurz!) weiter westlich im **Museo Archeologico** *(S. 85)* zu bestaunen.

Um 10 Uhr beginnt die – **unbedingt** lange zuvor gebuchte – Besichtigung des *Abendmahls (S. 85)*. Nehmen Sie sich Zeit!

Folgen Sie dem Corso Magenta ostwärts bis zur Via Carducci und rasten im Jugendstilambiente der **Bar Magenta** *(siehe S. 90)*.

Nachmittag/Abend

Spazieren Sie in der Via Carducci bis zur Via San Vittore (gegenüber steht die Pusterla di S. Ambrogio, ein Rest der mittelalterlichen Stadtmauer). Wenden Sie sich nach rechts zum **Museo della Scienza** *(S. 93)*.

Um etwa 15.30 Uhr kehren Sie über die Via S. Vittore zurück zu S. Ambrogio. Folgen Sie der Via Edmondo De Amicis bis zum Corso di Porta Ticinese. Dort befinden sich die großartige **San Lorenzo Maggiore** *(S. 93)* sowie das **Museo Diocesano** und **Sant' Eustorgio** mit ihren Meisterwerken.

Nicht weit entfernt liegt im Süden das Viertel **Navigli**. Dort laden Bars und Restaurants zur gepflegten Entspannung ein *(S. 96f)*.

➜ *Tagestour durchs nördliche Mailand siehe S. 87*

Links **Schaufenster (Preisnachlass)** Rechts **Beim Bummel auf dem Corso di Porta Ticinese**

Läden & Nachtklubs

1 L'Armadio di Laura
Secondhand-Shop für Haute Couture von Menschen, die nie dasselbe Kleid zweimal tragen. Edelmode, fantastisch preisgünstig. ⊗ *Via Vogehra 25 • Karte J6*

2 Floretta Coen Misul
Hier ergattert man preiswert Edelmarken wie Missoni, Ferre oder Yves St Laurent – Kleider unter 150 €, Anzüge unter 200 €. ⊗ *Via San Calocero 3 • Karte J5*

3 Biffi
Alle großen Marken für Damen und Herren, außerdem die Stars der Saison. Keine großen Schnäppchen, aber eine riesige Auswahl. ⊗ *Corso Genova 6 • Karte J5*

4 El Brellin
Das Restaurant am Naviglio ist zugleich ein Lokal mit Livemusik und stolz auf einen eigenen kleinen Kanal, der früher von Mailänder Waschfrauen genutzt wurde. ⊗ *Vicolo dei Lavandai/Alzaia Naviglio Grande 14 • Karte J6 • 02-5810-1351 • So geschl. • €*

5 Birreria La Fontanella
In dem großen, lauten Lokal trinken die vorwiegend jungen Gäste Bier aus großen Gläsern, die von Holzständern gestützt werden. ⊗ *Alzaia Naviglio Pavese 6 • Karte K6 • 02-837-2391 • Mo geschl. • €*

6 Scimmie
Der Veteran in den Navigli ist eine Jazzbar mit exzellenter Livemusik, ein Restaurant, eine Pizzeria sowie ein Kahn für Spaß im Freien. ⊗ *Via Asciano Sforza 49 • Karte K6 • 02-8940-2874 • www.scimmie.it • €*

7 Grand Café Fashion
Garten und Disko des Grand sind Treffpunkt für Models, Edel-Yuppies, auffällige Trendsetter sowie die, die gern dazugehören würden. ⊗ *Corso di Porta Ticinese 60 • Karte K5 • 02-8940-2997 • €€*

8 Propaganda
Die postmoderne Disko gehört einem echten Italo-Rocker: Vasco Rossi. Die DJs spielen alles von Oldies bis Salsa. ⊗ *Via Castelbarco 11 • €*

9 Il Salvagente
Mailands beste Adresse für preiswerte Mode bietet auf zwei Etagen Marken aus Frankreich, Italien und den USA zum halben Preis. Schlussverkauf im Januar und Juni ⊗ *Via Fratelli Bronzetti 16*

10 Rolling Stone
Mailands unumstrittene Nummer eins in Sachen Livemusik (Rock!) und schnörkellose Disko hat seit 20 Jahren einen guten Ruf. ⊗ *Corso XXII Marzo 32 • www.rollingstone.it • So geschl. • €€*

Alles, was in Mailand »in« ist **www.milanoin.it**

Links **Premiata Pizzeria** Rechts **Trattoria Aurora**

Restaurants

1 Ponte Rosso
Vollkommen ungerührt vom neuen Schick der Navigli serviert man hier herzhafte Mailänder und Triester Küche. ◊ Ripa di Porta Ticinese 23 • Karte J6 • 02-837-3132 • Mi abends, So geschl. • €€

2 Al Pont de Ferr
Eines der wenigen Lokale in den Navigli, dessen Ruhm nur auf der servierten Qualität beruht (siehe S. 68). ◊ Ripa di Porta Ticinese 55 • Karte J6 • 02-8940-6277 • €€€

3 Le Vigne
Einheimische und Küche des Piemont. Unschlagbar: die ravioliähnlichen caramelle di ricotta e spinaci. ◊ Ripa di Porta Ticinese 61 • Karte J6 • 02-837-5617 • So geschl. • €€

4 Premiata Pizzeria
Beliebteste Pizzeria der Navigli mit semi-industrieller Deko und begehrter Terrasse. Reservieren! ◊ Via Alzaia Naviglio Grande 2 • Karte K6 • 02-8940-0648 • Di mittags geschl. • €

5 Asso di Fiori
Einfach und überzeugend: Gerichte rund um den italienischen Käse. Höhepunkt ist die fantastische Käseplatte. ◊ Alzaia Naviglio Grande 54 • Karte K6 • 02-8940-9415 • So geschl. • €€€

6 Trattoria Famiglia Conconi
Familienbetrieb mit kleinem, köstlichem Angebot. Gute Weinkarte. ◊ Alzaia Naviglio Grande 62 • Karte K6 • 02-8940-6587 • Mo geschl. • €€€

7 Grand Hotel
Das Gartenlokal in einem Gässchen an der Viale Liguria bietet wunderbare, kreative mailändisch-mantuesische Küche. ◊ Via Asciano Sforza 75 • Karte K6 • 02-8951-1586 • Mo geschl. • €€€

8 Sadler
Claudio Sadler, möglicherweise der Mailänder Spitzenkoch, serviert superbe, moderne Regionalküche in einem ebensolchen Ambiente. ◊ Via Trolio 14 • 02-5810-4451 • So geschl. • €€€€€

9 Trattoria Aurora
Die Menüs in diesem Tempel der piemontesischen Küche sind im wahrsten Sinne des Wortes ihren Preis wert. Traumhaft: das weinbeschattete Ambiente. ◊ Via Savona 23 • Karte J5 • 02-8940-4978 • Mo geschl. • €€€

10 Aimo e Nadia
Das toskanische Ehepaar Aimo und Nadia führt dieses teure Restaurant in der Vorstadt mit solch exquisitem Geschmack, dass es auf jeden Fall zu Mailands Spitzenlokalen zählt (siehe S. 68). ◊ Via P. Montecuccoli 6 • 02-416-886 • Sa mittags, So geschl. • €€€€€

Hinweis: Wenn nicht anders angegeben, akzeptieren alle Restaurants Kreditkarten und bieten auch vegetarische Gerichte an.

97

Links **Isla Madre, Isole Borromee** Mitte **Santa Caterina del Sasso** Rechts **Rocca di Angera**

Lago Maggiore

ER WESTLICHSTE DER GROSSEN *italienischen Seen erstreckt sich an der Grenze zwischen der Lombardei und dem Piemont bis in die Schweiz. Seine südliche Hälfte gehörte ab dem 15. Jahrhundert zum Lehen der mächtigen Familie Borromeo. Die »Karriere« des Lago Maggiore als Sommerfrische für Europäer begann um 1800, als die napoleonische Fernstraße Simplon auch seine Ufer erreichte. Der Lago Maggiore ist weniger eine Sportstätte als der Gardasee und nicht so überwältigend wie der Comer See, bietet jedoch etwa die wunderschönen Isole Borromee. Wer die perfekten Ferienorte am Gardasee und die Menschenmassen am Comer See scheut, ist hier bestens aufgehoben.*

Statue des Carlo
Borromeo, Arona

Sehenswert

1. Arona
2. Rocca di Angera
3. Stresa
4. Santa Caterina del Sasso
5. Isole Borromee
6. Verbania
7. Cannero Riviera
8. Cannobio
9. Ascona
10. Locarno

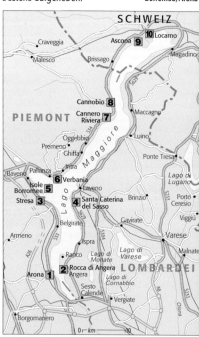

Stresa

Arona

1 Die weitläufige Stadt war einst die Feste der Familie Borromeo. Die Burg wurde von Napoleon geschleift. Einziges Monument des großen Clans ist eine schon unanständig riesige Bronzestatue des San Carlo Borromeo. In dem 23 Meter hohen Koloss führt eine Leiter zu den Augen, wo man durch Löcher in den Pupillen die darunter stehende Kirche (17. Jh.) erspäht. Eigentlich sollten 15 Kapellen die Straße zum Denkmal säumen, doch nur zwei wurden fertig gestellt. ◈ *Karte A3 • Information: Piazzale Duca d'Aosta • 0322-243-601*

Arona

Rocca di Angera

2 Die mittelalterliche Burg war ab 1449 eine Feste der Borromeo. Die Fresken in der Halle (1342–54) zählen zu den ältesten verbliebenen profanen lombardisch-gotischen Kunstwerken. Eine Holztreppe führt in den Turm mit Blick auf den See. Die meisten Räume gehören zu einem Puppenmuseum, das eine exzellente Sammlung japanischer sowie europäischer Puppen aus dem 18. und 19 Jahrhundert beherbergt *(siehe S. 42).* ◈ *Angera • Karte A3 • 0331-931-300 • März–Sep tägl. 9.30–17.30 Uhr; Okt, Nov tägl. 9.30–17 Uhr • Eintritt*

Stresa

3 Das hübsche Seestädtchen ist nicht nur das Tor zu den Isole Borromee *(siehe S. 100),* sondern bietet auch eine schöne Fußgängerzone mit zahlreichen Lokalen sowie ein gutes Sommer-Musikfestival *(siehe S. 52).* Im Süden lockt die Villa Pallavicino mit botanischem Garten und Zoo. ◈ *Karte A3 • Information: Fährsteg • 0323-31-308 • www.parcozoopallavicino.it*

Santa Caterina del Sasso

4 Im 13. Jahrhundert baute ein einheimischer Kaufmann zum Dank für die Rettung nach einem Schiffbruch in die Felswand genau über den tückischen tiefsten Teil des Sees eine Kapelle, die einige Fresken schmücken. Größte Attraktion ist die umwerfende Lage *(siehe S. 42).* ◈ *bei Leggiuno • Karte B3 • tägl. 8.30–12, 14.30–18 Uhr (im Winter nur am Wochenende) • frei*

Rocca di Angera

Links **Gärten der Isole Borromee** Rechts **Cannero Riviera**

5 Isole Borromee

Seit Mitte des 17. Jahrhunderts ziehen die drei Inselchen im Lago Maggiore Bewunderer an. Die anmutigen Paläste und Ziergärten entstanden unter der Familie Borromeo, der die Inseln noch heute gehören – außer dem Fischerdorf auf der Isola Superiore. Die Isole Borromee zählen zu den Top 10 der Lombardei *(siehe S. 22f)*. ◈ *Karte A2/3*

Die blutigen Mazzarditi

Im 15. Jahrhundert bauten die fünf Brüder Mazzarditi Cànneros Burginseln als Basis aus, von der aus sie Dörfer und Schiffe überfielen. Gefangene Frauen wurden in Ketten gehalten, die Männer ermordet. 1414 schickte Cànnero 500 Soldaten, die die Burg angriffen. Vier Brüder entkamen, der fünfte ertrank. Angeblich spukt er noch heute in den Ruinen.

6 Verbania

1939 verlieh Mussolini einer Dörfergruppe – darunter das kleine Suna, das industrialisierte Intra und das im Mittelalter bedeutende Pallanza – den altrömischen Namen »Verbania«. Pallanza bietet den Landschaftsgarten der Villa Taranto *(siehe S. 44)* sowie eine Gemäldesammlung im Palazzo Viani-Dugnani. ◈ *Karte A2*
• *Information: Corso Zanitello 6–8* • *0323-503-249*

7 Cànnero Riviera

Die geschützte Halbinsel trägt ihren Namen mit Recht, wartet sie doch mit einem Mittelmeerklima auf, in dem Zitrusbäume und Kamelien gedeihen. Malerisch sind die Ausblicke auf den See, die mittelalterlichen Straßen und die Häuser aus dem 18. Jahrhundert, umwerfend die im 15. Jahrhundert von Piraten errichteten Burgen auf den Inselchen *(siehe Kasten)*, in denen sich die Borromeo gegen die Schweizer verteidigten. ◈ *Karte B2*
• *Information: Via Angelo Orsi, 1* • *0323-788-943*

8 Cannobio

Das Städtchen Cannobio liegt an der Schweizer Grenze an

Cannobio

einem rauschenden Bergbach nahe der Schlucht Orrido di Santa Anna. Der Ort ist seit über 3000 Jahren besiedelt, auch wenn die steilen, krummen Sträßchen und alten Gebäude hauptsächlich aus dem Mittelalter stammen. Im Sommer drängeln sich im Hafen die Restauranttische im Freien. ✪ *Karte B2 • Information: Viale Vittorio Veneto 4 • 0323-71-212*

9 Ascona

In Locarnos Nachbarstadt am Schweizer Ende des Sees erholten sich schon Kandinsky, Freud und Thomas Mann. Ascona hat zwei Gesichter: Es bietet eine Harley-Rallye und ein Jazzfestival im Juli sowie ein Rolls-Royce-Treffen und klassische Konzerte im September. Mondäne Boutiquen, aber auch Perlen wie die im 16. Jahrhundert erbaute Kirche Santi Pietro e Paolo säumen die Straßen. In den luftigen Holzbauten auf dem Monte Verità lebten vom Ende des 19. Jahrhunderts bis in die 1940er Jahre Künstler, Vegetarier und Nudisten. ✪ *Karte B2 • Information: Casa Serodine in der Via Albarelle am See*

10 Locarno

Leider dominieren heute Beton, Glas und Stahl die Schweizer Stadt am Nordende des Sees. Dennoch lohnt sich ein Besuch des mittelalterlichen Stadtkerns. Sehenswert sind das Castello Visconteo (14. Jh.) sowie das Santuario della Madonna del Sasso (1497) mit seinen Malereien von Bramantino und Ciseri (bequem mit der Seilbahn zu erreichen). Viele Werke der modernen Kunstsammlung in dem im 17. Jahrhundert erbauten Patrizierpalast Casa Rusca stiftete im 20. Jahrhundert das Künstlerpaar Jean (Hans) und Marguerite Arp. ✪ *Karte B1 • Information: im Kasino an der Piazza Grande*

Ein Tag am Lago Maggiore

Vormittag

🕐 Kaufen Sie um 10 Uhr am Fährsteg von **Stresa** *(siehe S. 99)* einen Tagespass für alle Inseln und Eintrittskarten für die Attraktionen der **Isole Borromee**.

Fahren Sie erst zur **Isola Bella**, wo Sie etwa zwei Stunden lang die Sammlungen im **Palazzo Borromeo** und die herrlichen Gärten erkunden. Mit der Fähre um 12.25 Uhr geht es dann weiter zur **Isola Superiore**. Dort lädt die Terrasse des **Verbano** zum Mittagessen mit Aussicht ein (unbedingt vorher reservieren, *siehe S. 102*).

Nachmittag

Spazieren Sie nach dem Mittagessen durch das Touristen- und Fischerdorf, bevor Sie mit dem Boot zur **Isola Madre** fahren.

Die **Villa Borromeo** auf der Isola Madre erkundet man in einer halben Stunde – länger dauert das Vergnügen in den dazugehörigen botanischen Gärten, die mit exotischer Flora und farbenprächtigen Vögeln prunken. Eine mehrsprachige, überaus informative Karte stellt die seltenen Arten vor.

Nehmen Sie auf dem Rückweg eine Fähre, die am Festland bei Lido/Funivia in **Montarrone** anlegt – eine Station vor Stresa. Steigen Sie hier aus und flanieren Sie in nur 20 Minuten an der nie überlaufenen Seepromenade zurück nach Stresa. Am Spätnachmittag hat man hier einen herrlichen Blick auf die Inseln zur Linken und romantisch verwitternde, verlassene Villen zur Rechten.

Oberitalienische Seen – Lago Maggiore

Preiskategorien		
Preis für ein Drei-Gänge-Menü pro Person mit einer halben Flasche Wein, inkl. Steuern und Service.	€	unter 20 €
	€€	20–30 €
	€€€	30–40 €
	€€€€	40–50 €
	€€€€€	über 50 €

Links **Osteria degli Amici** Rechts **Verbano**

Restaurants

1 Osteria degli Amici, Stresa

Das heitere Lokal abseits der Hauptstraße bietet Tische im Freien und eine vielfältige Küche von Pizza bis frischem Süßwasserfisch. ⊗ *Via Bolognaro 31 • Karte A3 • 0323-30-453 • Mi, Jan, Nov geschl.• €€€*

2 Ristorante Pescatori, Stresa

Das Restaurant im oberen Teil der Stadt ist für seine Fischküche und Paella bekannt (für mindestens zwei Personen, vorbestellen). ⊗ *Vicolo del Poncivo, 3 (abseits Via Bolognaro) • Karte A3 • 0323-31-986 • Do geschl. • €€€€€*

3 Piemontese, Stresa

Stresas elegantes Top-Restaurant wartet mit exzellentem Service, holzgetäfeltem Speisesaal und einem schattigen Innenhof auf. Dort schmecken die herzhaften, modern zubereiteten Gerichte ganz besonders gut.
⊗ *Via Mazzini 25 • Karte A3 • 0323-30-235 • Mo, Dez, Jan geschl. • €€€€*

4 Verbano, Isola Superiore (Isola dei Pescatori)

Das Restaurant des Hotels *(siehe Eintrag 4, S. 103)* an der Spitze der Insel bietet einen herrlichen Blick und sehr gute Regionalküche zu angemessenen Preisen.
⊗ *Karte A3 • 0323-32-534 • Jan–März geschl. • €€€*

5 Milano, Verbania-Pallanza

In schöner Lage serviert Verbanias bestes Restaurant Klassisches aus dem Piemont und Fisch. ⊗ *Corso Zanitello 2 • Karte A2 • 0323-556-816 • Do geschl. • €€€€€*

6 Boccon di Vino, Verbania-Suna

In entspannter Atmosphäre genießt man in dieser Osteria hausgemachte Pasta und einfache Gerichte. ⊗ *Via Troubetzkoy 86 • Karte A2 • 0323-504-039 • So, Mo geschl. • €€*

7 Lo Scalo, Cannobio

Cannobios bestes Restaurant serviert kreativ erneuerte Küche des Piemont, viel Gemüse und Süßwasserfisch. ⊗ *Piazza Vittorio Emanuele II 32 • Karte B2 • 0323-71-480 • Mo, Di mittags, Mitte Jan–Mitte Feb geschl. • €€€€*

8 Il Sole, Ranco

Regionale Spezialitäten und alte Rezepte, serviert in modernem Ambiente mit esoterischer Musik *(siehe S. 69)*. ⊗ *Piazza Venezia 5 • Karte A3 • 0331-976-507 • Di, Dez, Jan geschl. • €€€€€*

9 La Vecchia Arona, Arona

Franco Carrera ist ein begeisterter Neu-Interpret traditioneller Küche. Das Angebot wechselt täglich je nach des Meisters Laune. ⊗ *Via Marconi 17 • Karte A3 • 0322-242-469 • Fr geschl. • €€€*

10 Campagna, Arona

Die Landgaststätte in den Bergen oberhalb Aronas bietet saisonale Küche, exzellente hausgemachte Pasta und Wildgerichte. ⊗ *Via Vergante 12 • Karte A3 • 0322-57-294 • Mo abends, Di geschl. • €€*

 Hinweis: *Wenn nicht anders angegeben, akzeptieren alle Restaurants Kreditkarten und bieten auch vegetarische Gerichte an.*

Preiskategorien

Preis für ein Doppel-   €   unter 110 €
zimmer pro Nacht   €€   110–160 €
mit Frühstück (falls   €€€   160–210 €
inklusive), Steuern   €€€€   210–270 €
und Service.   €€€€€   über 270 €

Links **Grand Hotel, Locarno** Rechts **Il Sole**

TOP 10 Hotels

1 Grand Hôtel des Iles Borromées, Stresa

Zählt zu Italiens Spitzenhotels, war »Star« in Hemingways *In einem anderen Land* und ist so luxuriös, wie man es bei den Preisen erwarten darf. ❧ *Corso Umberto I, 67 • Karte A3 • 0323-938-938 • www.borromees.it • €€€€€*

2 La Palma, Stresa

In Anbetracht der moderaten Preise ziemlich luxuriös mit See-blick von den Balkonen, übergro-ßen Marmorbädern und Pool. ❧ *Corso Umberto I, 33 • Karte A3 • 0323-32-401 • www.hlapalma.it • Mitte Nov–Mitte März geschl. • €€€*

3 Primavera, Stresa

Die Zimmer des kleinen Ho-tels in Stresas Fußgängerzone sind einfach ausgestattet. ❧ *Via Cavour 30 • Karte A3 • 0323-30-408 • www.stresa.it • im Winter geschl. (außer Weihnachen und Neujahr) • €*

4 Verbano, Isola Superiore (Isola dei Pescatori)

Die begehrten Zimmer an der Vorderseite des hübschen Hotels bieten Blick aufs Restaurant *(siehe Eintrag 4, S. 102).* ❧ *Karte A3 • 0323-30-408 • www.hotelverbano.it • Jan geschl. • €€*

5 Grand Hotel Majestic, Verbania-Pallanza

Seit 1870 ein Spitzenhotel am Lago Maggiore, mit großen Zim-mern, Hof und Rasen. ❧ *Via Vittorio Veneto 32 • Karte A2 • 0323-504-305 • www.grandhotelmajestic.it • €€*

6 Pironi, Cannobio

Der keilförmige Bau aus dem 15. Jahrhundert weist eine Log-gia mit Fresken und einen Spring-brunnen auf. Die Zimmer verströ-men altehrwürdigen Charme. ❧ *Via Marconi 35 • Karte B2 • 0323-70-624 • www.pironihotel.it • Nov–März geschl. • €*

7 Il Portico, Cannobio

Das moderne Hotel ist ruhig gelegen. Das Restaurant und die besten Zimmer bieten Seeblick. ❧ *Piazza Santuario 2 • Karte B2 • 0323-70-598 • €*

8 Grand Hotel, Locarno

1925 versuchten hier euro-päische Führer auf der Konferenz von Locarno die politischen Span-nungen des Kontinents abzubau-en. Belle-Époque-Ambiente und moderne Zimmer. ❧ *Via Sempione 17 • Karte B1 • 41-091-743-0282 • www.grand-hotel-locarno.ch • €€*

9 Il Sole, Ranco

Im besten Hotel am Ostufer bieten die Zimmer Antiquitäten und modernen Komfort. Das Restaurant ist exzellent *(siehe Eintrag 8 gegenüber).* ❧ *Piazza Venezia 5 • Karte A3 • 0331-976-507 • www.relaischateaux.com • Dez–Feb geschl. • €€€€*

10 Conca Azzurra, Ranco

Modernes Hotel am See mit Pool und Tennisplätzen, ideal zum Entspannen. ❧ *Via Alberto 53 • Karte A3 • 0331-976-526 • www.concazzurra.it • Mitte Dez–Mitte Feb geschl. • €*

Hinweis: Wenn nicht anders angegeben, akzeptieren alle Hotels Kreditkarten und bieten Zimmer mit Bad und Klimaanlage.

Links **Statue, Villa Melzi, Bellagio** Mitte **Piazza del Duomo, Como** Rechts **Fähre, Tremezzo**

Lago di Como (Comer See)

TÜRKIS UND SAPHIRBLAU *schimmert der Comer See vor den schneebedeckten Gipfeln der Voralpen – die Perle der italienischen Seen ist einfach atemberaubend schön. Auf dem 50 Kilometer langen, selten über zwei Kilometer breiten dreiarmigen Gewässer nutzen im Norden Windsurfer günstige Winde. Im Süden locken lebhafte Städte. Das einst römische Como bietet eine grandiose Kathedrale und edle Seide, in Lecco wandert man auf den literarischen Spuren von Manzonis Verlobten. Seit Jahrhunderten ist der Comer See Reiseziel, Revier der Reichen, die an seinen Ufern Villen mit üppigen Gärten errichteten, und Muse für Komponisten wie Liszt, Verdi, Bellini oder Schriftsteller wie Byron, Shelley und Wordsworth.*

Basilica di
Sant'Abbondio

🔟 Sehenswert

1 **Duomo, Como**

2 **Basilica di Sant'Abbondio, Como**

3 **Brunate Funicular, Como**

4 **Villa Balbianello, Lenno**

5 **Villa Serbelloni, Bellagio**

6 **Villa Melzi, Bellagio**

7 **Villa Carlotta, Tremezzo**

8 **Villa Monastero, Varenna**

9 **Villa Cipressi, Varenna**

10 **Abbazia di Piona**

Caffè Rossi, Bellagio

Vorherige Doppelseite **Bellagio am Comer See**

Der Duomo von Como

1 Duomo, Como

Der Bau des mit Statuen reich verzierten Doms von Como begann 1396 und wurde 1740 mit Juvarras Kuppel vollendet. An der Fassade säumen Heiligenfiguren die Pilaster, Darstellungen von den antiken Gelehrten Plinius dem Älteren und dessen Neffen Plinius dem Jüngeren flankieren das Hauptportal. Sehenswert sind ein reich beschnitztes, hölzernes Altarbild von 1492 und neun fantastische Gobelins (16. Jh.), die in Meisterwerkstätten in Flamen, Florenz und Ferrara gefertigt wurden. ✆ *Piazza del Duomo • Karte C3 • 031-265-244 • frei*

2 Basilica di Sant'Abbondio, Como

Die romanische Kirche steht etwas verloren in einem Industrievorort von Como. Sie wird von zwei Glockentürmen geziert, der erweiterte Chor erinnert an die mittelalterliche Sakralarchitektur Deutschlands. Die Apsis ist mit einem wunderbaren Freskenzyklus biblischer Szenen ausgemalt. ✆ *Via Sant'Abbondio (bei Viale Innocenzo XI) • Karte C3 • tägl. 9–12, 15–18 Uhr • frei*

3 Brunate Funicular, Como

Der klassische Weg nach Brunate beginnt mit einer kurzen Bootsfahrt von Comos Hafen zur Zahnradbahn, die in das Bergdorf hinauffährt. Dort eröffnet sich ein toller Blick auf Como und den See. Brunate ist Ausgangsort für Wanderungen in die Berge der Umgebung (Karten in der Information). ✆ *Piazza A. De Gaspari • Karte C3 • 031-303-608 • tägl. 6–24 Uhr, alle 30 Min. (im Sommer häufiger) • Eintritt*

4 Villa Balbianello, Lenno

Die statuengesäumten Balustraden und die Blumenpracht der Villa von 1784 haben schon viele Regisseure bezaubert. Am besten kommt man mit dem Boot von Lenno; dienstags, samstags und sonntags ist die Villa zu Fuß erreichbar. Besichtigungen (teuer) unbedingt vorab buchen *(siehe S. 45)*! ✆ *Lenno • Karte C2 • 0344-56-110 • Apr–Okt Di, Do–So 10–12.30, 15.30–18.30 Uhr • Eintritt*

Villa Balbianello

Hotels am Comer See siehe S. 113

107

Links **Bellagio auf der malerischen Landzunge** Rechts **Villa Melzi**

5 Villa Serbelloni, Bellagio

Bellagios Landspitze ist seit Jahrtausenden Bauland der absoluten Oberklasse. Hier unterhielt Plinius der Jüngere seine Villa »Tragoedia« (das Gegenstück »Comoedia« stand am gegenüberliegenden Ufer), hier erhob sich im Mittelalter eine Burg, und hier erbaute die Familie Stagna im 15. Jahrhundert eine Villa. 1788 hinterließ der letzte Stagna diese seinem besten Freund Serbelloni, der sie als Sommerresidenz ausbaute. Sein Haupthaus im Ort ist heute das Hotel Villa Serbelloni *(siehe S. 113)*. 1959 fiel die Villa an die Rockefeller Foundation. Heute verbringen hier Wissenschaftler Studienaufenthalte. Öffentlich zugänglich sind nur die Gärten *(siehe S. 44)*. ✆ Piazza della Chiesa, Bellagio • Karte C2 • 031-951-555 • Führungen Apr–Okt Di–So 10.30 und 16 Uhr • Eintritt

Villa Carlotta

Seide aus Como

Seit 1510 ist Como die Seidenhauptstadt Italiens. Heute werden die gesponnenen Fäden aus China importiert und von einheimischen Meistern zu den von Mailands Top-Designern heiß begehrten Stoffen gewebt. Sie werden in der ganzen Stadt in Läden angeboten. Ein Museum am Stadtrand (Via Valleggio 3, 031-303-180; www.museosetacomo.com) widmet sich dem edlen Stoff.

6 Villa Melzi, Bellagio

Der gepflegte Park der von dem napoleonischen Statthalter Francesco Melzi d'Eril erbauten klassizistischen Villa kann besichtigt werden *(siehe S. 44)*. ✆ Via P. Carcano • Karte C2 • 031-951-281 • Mitte März–Okt tägl. 9–18 Uhr • Eintritt

7 Villa Carlotta, Tremezzo

Die Villa mit dem exquisiten Landschaftspark zählt zu den luxuriösesten am ganzen See. Der mit Kunst reich ausgestattete Bau und die wundervollen Gärten stehen Besuchern offen *(siehe S. 44)*. ✆ Tremezzo • Karte C2 • 0344-40-405 • www.villacarlotta.it • Apr–Sep tägl. 9–18 Uhr; 18.–31. März, Okt tägl. 9–11.30 Uhr, 14–16.30 Uhr • Eintritt

8 Villa Monastero, Varenna

Der Park dieser Traumvilla – eines ehemaligen Klosters – erstreckt sich bis zum Seeufer. Dort lässt es sich im Schatten herrlicher Zypressen und Palmen

Villa Monastero

wunderbar spazieren gehen
(siehe S. 45). ✪ *Via IV Novembre*
• Karte C2 • www.villamonastero.it
• Apr–3. Nov tägl. 9–19 Uhr • Eintritt

9 Villa Cipressi, Varenna

Im Lauf ihrer 600-jährigen
Geschichte wurde die Villa
Cipressi oft umgebaut, ihr heuti-
ges Gesicht erhielt sie jedoch
v. a. im 19. Jahrhundert. Zwar
sind die Gärten im Vergleich zu
anderen Parks (etwa der benachbarten Villa Monastero) eher
bescheiden, doch für Gäste des
Hotels unbeschränkt verfügbar
(siehe S. 113, weitere Informationen *siehe S. 45).* ✪ *Via IV Novembre*
18 • Karte C2 • 0341-830-113 • März–
5. Nov tägl. 9–19 Uhr • Eintritt

10 Abbazia di Piona

In himmlischer Ruhe thront
die im 9. Jahrhundert gegründete
Benediktinerabtei am Ende der
Halbinsel Olgiasca. Die kleine Kirche weist romanische Schnitzereien an den Weihwasserbecken
sowie an den Kapitellen und Ba-
sen der Säulen des beschauli-
chen Kreuzgangs auf. Die Mönche brennen starke – hier erhältliche – Schnäpse. ✪ *ab der Uferstraße*
ausgeschildert • Karte C2 • 0341-940-331
• tägl. 9–12, 14–18 Uhr • frei

Städtetour

Vormittag

🕐 Vor dieser Tour sollten Sie
vor Ihrer Übernachtung in
Bellagio bereits Como erkundet haben. Kaufen Sie
sich entweder Fährtickets
zu den jeweiligen Zielorten
oder ein Sammelticket für
mehrere Zielorte, das unter
Umständen auch den Ein-
tritt für die Villen einschließt.

💻 Der nächste Tag beginnt in
Bellagios **Caffè Rossi** gegenüber dem Fährsteg.
Nehmen Sie das Boot um
10.30 Uhr zur grandiosen
Villa Carlotta, wo Sie eine
Stunde lang die Kunst-
sammlung und den herrli-
chen Park erkunden.

🍴 Die Fähre bringt Sie zur Isola Comacina hinunter. Dort
genießen Sie das üppige
Menü in der **Locanda**
(siehe S. 112), das Sie mit
Kaffee und Cognac sowie
einem Spaziergang durch
die überwucherten Kirchen-
ruinen »verarbeiten«. Weiter
geht es danach mit der
Fähre, die den See hinauf
nach **Varenna** fährt.

Nachmittag

Mit dem Aufstieg zum ro-
mantischen Castello di Vezio (herrlicher Blick) oberhalb der Stadt werden nun
die letzten Kalorien ver-
brannt. Neuen Appetit
bringt die Erkundung der
kleinen Kirchen von Varenna, des Parks der **Villa
Monastero** und ein kleiner
🍴 Spaziergang an den Ufer-
arkaden, der zum fantastischen **Vecchia Varenna**
führt *(siehe S. 112)*.

Wer nicht eine erholsame
Nacht im wenig besuchten
Varenna verbringen will,
sollte das Abendessen
pünktlich beenden – die
letzte Fähre nach Bellagio
legt um 21 Uhr ab.

Oberitalienische Seen – Lago di Como

Links **Bellagio** Mitte **Varenna** Rechts **Menaggio**

TOP10 Städte am See

1 Bellagio
Bellagio bietet die Parks der Villen Serbelloni und Melzi, eine romanische Kirche, reizende Cafés am Hafen und malerische mittelalterliche Gassen *(siehe S. 108)*. ✆ Karte C2 • *Information: Fährsteig an der Piazza Mazzini • 031-950-204• www.bellagiolakecomo.com*

2 Como
Italiens Seidenmetropole ist eine römische Gründung. Sie lockt mit einem spektakulären Dom *(siehe S. 107)*, ein paar kleinen Museen, zahlreichen Boutiquen und zwei schönen alten Kirchen. ✆ Karte C3 • *Information: Piazza Cavour 17; 031-269-712 • lokale Information: rechts vom Duomo; 031-264-215*

3 Varenna
Varenna ist ein besserer Ausgangsort für Ausflüge als das bevölkerte Bellagio. Hier setzen die Fähren zu allen wichtigen Orten über. Es gibt Kirchen mit Fresken und schöne Wanderungen *(siehe S. 108f)*. ✆ Karte C2 • *Information: Piazza Venini 1 • 0341-830-367*

4 Menaggio
Der hübsche kleine Ferienort an der Hauptfährlinie wartet mit bescheidenen Barockkirchen auf. ✆ Karte C2 • *Information: Piazza Garibaldi 8 • 0344-32-924*

5 Tremezzo
In diesem kleinen Ferienort steht die Villa Carlotta *(siehe S. 108)*. ✆ Karte C2 • *Information: Via Regina 3 • 0344-40-493*

6 Lecco
Die Sehenswürdigkeiten der Industriestadt am südöstlichen Arm des Sees hat der Schriftsteller Alessandro Manzoni verewigt. Sein Romanklassiker *Die Verlobten (siehe S. 50)* spielt z. T. im stadtnahen Örtchen Olate. ✆ Karte D3 • *Information Via N. Sauro 6 • 0342-362-360 • www.aptlecco.com*

7 Gravedona
Sehenswert sind die mittelalterlichen Kirchen Santa Maria del Tiglio und (am Berg) Santa Maria delle Grazie. ✆ Karte C2 • *Information: Piazza Cavour • 0344-89-637*

8 Bellano
Die schwarz-weiß gestreifte Fassade von Santi Nazaro e Celso überragt die Piazza S. Giorgio, eine steile Straße führt zur Orrido-Schlucht. ✆ Karte C2 • *Information: Via V. Veneto 23 • 0341-821-124*

9 Lenno
Verpassen Sie nicht San Stefano (11. Jh.) und das Baptisterium daneben. Nördlich von Lenno zeigt in Mezzagra ein schwarzes Kreuz, wo Mussolini erschossen wurde. ✆ Karte C2 • *Information: Via S. Stefano 7 • 0344-55-147*

10 Civate
Am kleinen Lago d'Annone erreicht man im Brianza-Dreieck zwischen Como und Lecco von Civate aus das herrliche Kloster San Pietro al Monte (11. Jh.). ✆ Karte D3 • *Kloster So 9–12, 13.30–16 Uhr • frei*

Oberitalienische Seen – Lago di Como

Villen & Gärten siehe S. 44f

Links **Radfahrer** Mitte **Windsurfer** Rechts **Divina Commedia**

ᴛᴏᴘ10 Unternehmungen

1 Golf spielen
Empfehlenswert sind der 18-Loch-Platz am Circolo Villa D'Este und der Golfplatz des Golf Club Menaggio & Cadenabbia. ✎ *Circolo, Montorfano, 031-200-200 • Menaggio & Cadenabbia 0344-32-103*

2 Mountainbiken
Die bewaldeten Hügel auf der Halbinsel von Bellagio sind ideal zum Mountainbiken. Räder können gemietet werden. ✎ *Radverleih: Cavalcalario Club, Gallasco, 031-964-814 • Rullo Bike, Via Grandi, Como, 031-263-025*

3 Windsurfen
Die starken Winde am Nordende des Sees ziehen begeisterte Windsurfer an. ✎ *Verleih: Windsurfcenter Domaso, 380-700-0010, www.breva.ch • Fun Surf Center, Dervio, 0341-804-159, www.usderviese.it • Circolo Vela, Pescallo bei Bellagio, 031-950-932*

4 Reiten
Im englischen oder Western-Stil die Bergtäler bei der Straße Menaggio-Porlezza erkunden – ein Traum. ✎ *Reitzentrum: Cenuta La Torre, 0344-31-086*

5 Klettern
Die Berge rund um das südöstliche Ende des Sees bieten exzellente Klettermöglichkeiten. ✎ *Information: CAI, Via Papa Giovanni XXIII, Lecco • 0341-363-588*

6 Kayak- und Kanufahren
Eine ganz andere Sicht auf das berühmte Ufer und die privaten Gärten des Comer Sees erhält man bei einer Kanu- oder Kayaktour. ✎ *Verleih: Cavalcalario Club (siehe Eintrag 2) • Ostello La Primula (siehe S. 112) • Canottieri Lario, Viale Puecher 6, Como, 031-574-720 • Società Canottieri, Via Nullo 2, Lecco, 0341-364-273*

7 In der Divina Commedia etwas trinken, Bellagio
Hier trinkt man im Obergeschoss zwischen den Wolken des »Paradieses«, im Erdgeschoss im »Fegefeuer« und im Untergeschoss in einer »Hölle« aus Pappmaché. ✎ *Salita Mella 43–45 • 031-951-680 • www.divinacommedia.com*

8 Cocktails im Hemingway Pub schlürfen, Como
Ob sich Hemingway wirklich in dieser merkwürdigen kleinen Bar nahe dem Hafen einen hinter die Binde gekippt hat? Auf jeden Fall heißen die Cocktails nach seinen Büchern. ✎ *Via Juvarra 16*

9 Im Extreme tanzen, Como
Comos heißeste Disko liegt zwischen kleinen Fabriken im Gewerbegebiet. Je später der Abend, desto mehr überschreiten die Gäste die Dreißigergrenze. ✎ *Viale Innocenzo XI 73*

10 Den Lido Giardino genießen, Menaggio
Genießen Sie tagsüber den Privatstrand und Pool. Freitag- und Samstagabend wird im großen Saal und in den Ufergärten getanzt! ✎ *Via Roma 11 • 0344-32-007 • www.lidogiardino.com*

➤ *Weitere Infos zum Comer See* www.comersee.com

Preiskategorien

Preis für ein Drei-Gänge-Menü pro Person mit einer halben Flasche Wein, inkl. Steuern und Service.		
€	unter 20 €
€€	20–30 €
€€€	30–40 €
€€€€	40–50 €
€€€€€	über 50 €

Barchetta, Bellagio

TOP10 Restaurants

1 Le Sette Porte, Como
Sehr originelle Küche (Erdbeerrisotto, Hühnchen in Orangen-Pfeffer-Soße). Die Einrichtung ist eine Mischung aus rustikal und modern-elegant. ✆ *Via A. Diaz 52a* • *031-267-939* • *So geschl.* • *€€€*

2 Ristorante Sociale, Como
Das exzellente Preis-Leistungs-Verhältnis lockt Theaterbesucher, Comos Fußballteam und Reisende an, die sich nicht wegen einer Mahlzeit ruinieren möchten. ✆ *Via Maestri Comacini 8* • *031-264-042* • *€*

3 Barchetta, Bellagio
Merkwürdigerweise wartet Bellagio als beliebter Ferienort nicht mit einem Gourmet-Tempeln auf – eine Ausnahme ist das Barchetta. Gute lokale Küche, freundliches Ambiente, angemessene Preise. ✆ *Salita Mella 13* • *031-951-389* • *Di, Nov–Dez alle Werktage geschl.* • *€€€€*

4 Nicolin, Lecco
Tische im Freien, gemütliche Atmosphäre und köstliche Menüs – das Nicolin im Dörfchen Maggianico bei Lecco ist ein Gourmet-Paradies. ✆ *Via Ponchielli 54* • *0341-422-122* • *Di geschl.* • *€€€€*

5 Crotto dei Platani, Brienno
Das Restaurant in einer Burgruine bietet eine rustikal-elegante Mischung. Abends genießt man auf der Terrasse bei romantischem Kerzenlicht regionale Gerichte. ✆ *Via Regina 73* • *031-814-038* • *Di geschl.* • *€€€€*

6 Vecchia Varenna, Varenna
Das romantischste der erschwinglichen Restaurants am See serviert exzellenten Fisch und leckere Spinat-Tagliatelle mit Gemüse-*ragù*. ✆ *Via Scoscesa 10* • *031-830-793* • *Mo, Jan geschl.* • *€€€*

7 Locanda dell'Isola Comacina, Ossuccio
Das Menü des Insellokals ist seit 1947 unverändert mächtig: Antipasto, Forelle, Hühnchen, Käse, Obst, *gelato*, Wasser, Wein und Kaffee mit Cognac. ✆ *Isola Comacina* • *0344-55-083* • *keine Kreditkarten* • *Nov–Feb geschl.* • *€*

8 Ostello La Primula, Menaggio
Menaggios Herberge ist auch wegen ihres sehr günstigen, guten Abendessens beliebt. Selbstbedienung und Abwasch sind Pflicht. ✆ *Via IV Novembre 106* • *0344-32-356* • *www.menaggiohostel.com* • *keine Kreditkarten* • *Mitte März–Anfang Nov* • *€*

9 Vecchia Menaggio
Die bei den Einheimischen beliebte, gemütliche, etwas versteckt gelegene Trattoria und Pizzeria ist kein überteuertes Touristenlokal. ✆ *Via al Lago 13, Menaggio* • *0344-32-082* • *Di geschl.* • *€€*

10 Trattoria S. Stefano, Lenno
Das beliebte Lokal serviert Fisch und Pasta in riesigen Portionen. Herrlicher Blick auf der Sonnenterrasse! ✆ *Piazza XI Febbraio 3* • *0344-55-434* • *Mo geschl.* • *€€*

Hinweis: Wenn nicht anders angegeben, akzeptieren alle Restaurants Kreditkarten und bieten auch vegetarische Gerichte an.

Preiskategorien

Preis für ein Doppelzimmer pro Nacht mit Frühstück (falls inklusive), Steuern und Service.

€	unter 110 €
€€	110–160 €
€€€	160–210 €
€€€€	210–270 €
€€€€€	über 270 €

Links **Grand Hotel Menaggio** Rechts **Villa Cipressi, Varenna**

🔟 Hotels

1 Le Due Corti, Como
Seit 1992 residiert das stilvolle Hotel (mit exzellentem Restaurant und Bar) in einer alten Poststation an der mittelalterlichen Stadtmauer. ✆ Piazza Vittoria 15 • 031-328-111 • hotelduecorti@virgilio.it • Nov–Feb geschl. • €€

2 Villa Flori, Como
Die Villa, 1860 als Hochzeitsgeschenk für die Braut des italienischen Nationalhelden Garibaldi errichtet, verströmt die feine Atmosphäre des 19. Jahrhunderts. ✆ Via Cernobbio 12 • 031-33-820 • www.hotelvillaflori.com • Dez–Feb geschl. • €€

3 Grand Hotel Villa Serbelloni, Bellagio
Bellagios eleganteste Sommervilla wurde 1873 zum vornehmen Hotel umgebaut. Die luxuriösen Zimmer sind sehr verschieden, Apartments, Fitness- und Kosmetikraum, Hallenbad ganzjährig geöffnet. ✆ Via Roma/Piazza Mazzini • 031-950-216 • www.villaserbelloni.com • Dez–März geschl. • €€€€€

4 Du Lac, Bellagio
Der freundliche Familienbetrieb direkt am See bietet charmante, mit Antiquitäten eingerichtete Zimmer und einen schönen Blick. ✆ Piazza Mazzini 32 • 031-950-320 • www.bellagiohoteldulac.com • Mitte Nov–Ostern geschl. • €€

5 Suisse, Bellagio
Zehn einfache Zimmer mit TV und eleganten Holzmöbeln, Restaurant. ✆ Piazza Mazzini 23 • 031-950-335 • www.bellagio.co.nz/suisse • Dez–Feb geschl.• keine Klimaanlage • €

6 Villa d'Este, Cernobbio
Die luxuriöse Renaissance-Villa rangiert immer wieder unter den weltweiten Top-10-Hotels – das kostet. Hier betten zwischen Antiquitäten, Seide, Marmor und Mahagoni bisweilen königliche Berühmtheiten ihr Haupt. ✆ Cernobbio • 031-3481 • www.villadeste.it • Mitte Nov–Feb geschl. • €€€€€

7 Milano, Varenna
Die beliebte alte *pensione* könnte bald in ein reizendes Hotel mit Flair umgebaut werden. ✆ Via XX Settembre 29 • 0341-830-298 • www.varenna.net • keine Klimaanlage • €

8 Villa Cipressi, Varenna
Die Villa aus dem 16. Jahrhundert *(siehe S. 109)* bietet zu einem fantastischen Preis große Zimmer und eine überwältigende Aussicht. ✆ Via IV Novembre 18 • 0341-830-113 • teilweise Klimaanlage • €

9 Grand Hotel Menaggio
Die Zimmer sind trotz Belle-Époque-Flair modern ausgestattet. ✆ Via IV Novembre 69 • 0344-30-640 • www.grandhotelmenaggio.com • Nov–Jan geschl. • €€€

10 Grand Hotel Tremezzo
Der Park des Hotels von 1910 muss den Vergleich mit der nahen Villa Carlotta nicht scheuen. Luxuriöse Zimmer. ✆ Via Regina 8 • 0344-42-491 • www.grandhoteltremezzo.com • Nov–Feb geschl. • €€€€

 Hinweis: *Wenn nicht anders angegeben, akzeptieren alle Hotels Kreditkarten und bieten Zimmer mit Bad und Klimaanlage.*

Links **Il Vittoriale, Gardone Riviera** Mitte **Torri del Benaco** Rechts **Die Straße zum Castello di Arco**

Lago di Garda (Gardasee)

D ER GARDASEE IST DAS SPORTLERPARADIES *unter den italienischen Seen. Die steten Winde im Norden und an den Hängen des Monte Baldo lo-cken Windsurfer und Gleitschirmflieger. Hier finden zudem Klettersportler ihren Adrenalinschub und Golfer vornehme Entspannung. Doch auch die Kultur kommt nicht zu kurz: In Sirmione und Desenzano sind die am besten erhalte-*

nen römischen Relikte Norditaliens zu bewundern, mittelalterliche Burgen in Torri del Benaco, Malcesine, Vallegio und Sirmione. Seit dem 18. Jahrhundert locken Sommervillen und üppige Parks Größen wie Goethe, Malcesine, Byron und D. H. Lawrence an. Die Region erwarb sich aber auch einen zweifelhaften Ruf als Mussolinis letzte Bastion.

Giardino Botanico Hruska, Gardone Riviera

Sehenswert

1. Giardino Sigurtà
2. Gardaland
3. Grotte di Catullo, Sirmione
4. Rocca Scagliera, Sirmione
5. Villa Romana, Desenzano
6. Isola di Garda
7. Il Vittoriale, Gardone Riviera
8. Giardino Botanico Hruska, Gardone Riviera
9. Torri del Benaco
10. Castello di Arco bei Riva

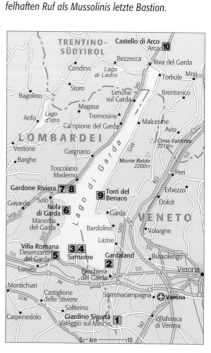

Giardino Sigurtà

Sirmione Entspannung suchte – das riesige Anwesen an der Spitze der Halbinsel von Sirmione war nicht der Landsitz des antiken Poeten (um 87–54 v. Chr.). Es entstand wohl erst im 1. Jahrhundert n. Chr. Die Ruinen des am besten erhaltenen römischen Privathauses Norditaliens waren im Mittelalter so überwachsen, dass sie Höhlen glichen – daher der missverständliche Name *grotte*. ✪ *Via Catullo • Karte G4 • Zutritt nur im Rahmen von Führungen • 030-916-157 • Di–So 9–20 Uhr (Mitte Okt–Feb bis 16 Uhr) • Eintritt*

1 Giardino Sigurtà

Gepflegte Rasenmatten, leuchtend bunte Blumenbeete, romantische Teiche – 40 Jahre lang bepflanzte und bewässerte Carlo Sigurtà unermüdlich das ursprünglich öde Landstück und verwandelte es in einen der schönsten Parks Italiens. Am weniger besuchten westlichen Rand leben in großen Freigehegen Rehe und Ziegen. Der Park liegt etwa 20 Autominuten südlich des Sees. ✪ *bei Vallegio • Karte G5 • 045-637-1033 • www.sigurta.it • März–Nov tägl. 9–18 Uhr • Eintritt*

2 Gardaland

Italiens größter Vergnügungspark erreicht zwar nicht Disneyland, ist für Kinder aber dennoch enorm reizvoll. Unter dem Logo des grünen Drachen Prezzemolo (»Petersilie«) locken Achterbahnen und andere Fahrgeschäfte, Wasserpark, Dschungelsafari, Eis- und Delfinshows und »mittelalterliche« Spektakel.
✪ *an der Uferstraße nördlich von Peschiera • Karte G4 • 045-644-9777 • www.gardaland.it • Eintritt*

3 Grotte di Catullo, Sirmione

Auch wenn der römische Dichter Catull in

4 Rocca Scagliera, Sirmione

Die Burg aus dem 13. Jahrhundert thront an der engsten Stelle von Sirmiones langer, schmaler Halbinsel. Die wuchtige, graue Zitadelle diente bis ins 19. Jahrhundert als Festung. Noch heute bewacht der beherrschende Bau die Stadt – nach Sirmione gelangt man nur über die Zugbrücken, die über den Graben führen, und durch die trutzigen Tortürme. Die anstrengende Kraxelei auf den 30 Meter hohen Bergfried lohnt wegen der grandiosen Aussicht. ✪ *Piazza Castello • Karte G4 • 030-916-468 • Di–So 9–19 Uhr (im Winter 8.30–16.30 Uhr) • Eintritt*

Eingang zum Gardaland

Il Vittoriale, Gardone Riviera

5 Villa Romana, Desenzano

Norditaliens bedeutendste erhaltene Villa aus der späten römischen Kaiserzeit entstand im 1. Jahrhundert n. Chr., die wunderbaren Bodenmosaiken stammen aus dem 4. und 5. Jahrhundert. Eine auf einem Glasgefäß aus dem späten 4. Jahrhundert eingravierte Christusfigur zeigt, dass die hier ansässigen Römer um diese Zeit bereits Christen waren. ✆ *Via Crocefisso 22 • Karte G4 • 030-914-3547 • Di–So 8.30–19.30 Uhr (Mitte Okt–Feb bis 17 Uhr) • Eintritt*

6 Isola di Garda

Auf der größten Insel des Gardasees zog einst ein Kloster die bedeutendsten Heiligen des Mittelalters an: Franz von Assisi, Antonius von Padua und Bernhard von Siena. Es wurde von Napoleon zerstört und 1890–1903 durch eine Villa im Stil der venezianischen Neogotik mit üppigen englischen und italienischen Gärten ersetzt. Bei den teuren Führungen sind Bootsfahrt und Imbiss inklusive. ✆ *Boote von Barbarano • Karte G4 • 0365-62-294 • www.isoladelgarda. com • Mai–6. Okt Di, Do 9.40 Uhr • Eintritt (vorab buchen)*

7 Il Vittoriale, Gardone Riviera

Die Villa ließ der umstrittene italienische Dichter, Soldat und Abenteurer Gabriele d'Annunzio, um die Jahrhundertwende eine der schillerndsten Figuren Italiens *(siehe S. 45)*, errichten. ✆ *Karte G4 • 0365-296-511 • www.vittoriale.it • Apr–Sep tägl. 8.30–20 Uhr; Okt–März tägl. 9–17 Uhr • Eintritt*

8 Giardino Botanico Hruska, Gardone Riviera

Das kleine Gartenjuwel beherbergt auf seinen Terrassen über 2000 Pflanzenarten *(siehe S. 45)*. ✆ *Gardone Riviera • 0336-410-877 • 15. März–15. Okt tägl. 9–19 Uhr • Eintritt*

9 Torri del Benaco

Das Städtchen Torri war früher die Hauptstadt des Gardasees und so bedeutend, dass die veronesische Familie Scaglieri (die den See fast ganz beherrschte) hier eine trutzige Burg errichtete. Diese beherbergt heute ein kleines Heimatmuseum, zu dessen Exponaten prähistorische Felsgravuren gehören. Um einige

Giardino Botanico Hruska

Castello di Arco

der 8000 Jahre alten Kunstwerke betrachten zu können, folgen Sie einfach den Schildern von der Hauptstraße bis Crer. Von dort führt ein etwa 15-minütiger Spaziergang zu einem Felsen, der aus dem Unterholz aufragt.

🔷 Karte G4 • Burg: Viale Fratelli Lavanda 2 • Juni–Sep 9.30–13, 16.30–19.30 Uhr; Apr–Mai, Okt 9.30–12.30, 14.30–18 Uhr • Eintritt

10 Castello di Arco bei Riva
Nur noch als Ruine thront die Burg aus dem 12. Jahrhundert über der Stadt. Vom Bergfried steht noch eine Mauer, und der einzig intakt verbliebene Raum des Baus diente bis 1986 als Schutthalde. Seine Säuberung brachte eine Überraschung: Exzellente Fresken aus dem späten 14. Jahrhundert, die Spiel- und Kriegsszenen darstellen, zieren die Wände. 🔷 Arco • Karte H2 • Apr– Sep 10–18 Uhr; März, Okt 10–16 Uhr; Nov–Feb tägl. 10–15 Uhr • Eintritt

Schlachten am See

Vom 13. bis 15. Jahrhundert kämpften Venedig und Mailand um die Lombardei *(siehe S. 32)*. 1439 war Torbole *(S. 120)* am Gardasee Schauplatz des Mailänder Siegs. Venedig wollte Vorräte ins belagerte Brescia schmuggeln. 26 Schiffe waren die Etsch (Adige) hinaufgesegelt und über Land transportiert worden. Als sie in Torbole wieder gewässert werden sollten, wurden sie entdeckt.

Zwei Tage am Gardasee

Erster Tag

🕐 Wer lieber entspannt Kultur genießt, als rund um **Riva** *(siehe S. 120)* mit dem Wind auf den Wellen zu jagen, sollte sich am südlichen See einmieten. **Sirmione** *(siehe S. 120)* ist reizend, aber auch turbulent.

Am ersten Tag besichtigen Sie in **Desenzano** *(S. 120)* die **Villa Romana**. Weiter geht es dann nach Sirmione, wo auf der Spitze der Halbinsel die Ruinen der **Grotte di Catullo** zur Erkundung einladen *(S. 117)*. Am Rückweg führt ein Abstecher nach rechts zur Kirche San Pietro mit ihren mittelalterlichen Fresken.

Drängeln Sie sich danach durch das Zentrum und steigen zur **Rocca Scagliera** auf *(S. 117)*, um den Sonnenuntergang zu genießen.

Eine *passeggiata* (Spaziergang) führt Sie zur **Vecchia Lugana** *(S. 122)*. Dort lockt ein verdientes, exquisites Abendessen.

Zweiter Tag

Fahren Sie nach **Gardone Riviera** *(S. 120)* und bestaunen Sie Gabriele d'Annunzios faszinierende Villa **Il Vittoriale**. Danach stärken Sie sich mit einem köstlichen Mahl auf der Terrasse der **Villa Fiordaliso** *(S. 122)*.

Spazieren Sie anschließend durch die Pflanzenpracht des **Giardino Botanico Hruska**. Liegt Ihre Unterkunft in Sirmione, kehren Sie danach dorthin zurück. Alternativ fahren Sie weiter am See entlang in die am Ufer gelegenen Städtchen **Limone** oder **Riva** *(S. 120)*.

Oberitalienische Seen – Lago di Garda

➡ *Mehr zur lombardischen Geschichte* **siehe S. 32f**

Links **Riva del Garda** Mitte **Malcesine** Rechts **Torbole**

TOP 10 Städte am See

 Oberitalienische Seen – Lago di Garda

1 Sirmione
Sehenswert in der hübschen Stadt an der Spitze einer Halbinsel sind die Ruinen einer römischen Villa und eine gut erhaltene mittelalterliche Burg *(siehe S. 117)*. ⊗ *Karte G4 • Information: Viale Marconi 2 (kurz vor dem Ortsrand) • 030-916-245 • www.comune.sirmione.bs.it*

2 Desenzano
Hier siedelte man schon in der Bronzezeit, und die Römer machten hier Urlaub. Hauptattraktion ist die Villa Romana *(siehe S. 118)*. ⊗ *Karte G4 • Information: Via Porto Vecchio 34 • 030-914-1510*

3 Salò
Der vornehme Ferienort mit dem schönen Duomo (15. Jh.) errang zweifelhaften Ruhm als Hauptstadt von Mussolinis faschistischer Gegenrepublik von Salò (1943–45). ⊗ *Karte G4 • Information: Lungolago Zanardelli (im Palazzo Comunale) • 0365-21-423*

4 Gardone Riviera
Von Gardones langer Erfolgsgeschichte als Ferienort zeugen grandiose Villen (z. B. Il Vittoriale) und Parks wie der Giardino Botanico *(siehe S. 118)*. ⊗ *Karte G4 • Information: Via Roma 8 • 0365-290-411*

5 Toscolano-Maderno
Der Doppelort bietet einen schönen Strand sowie romanische Kapitelle und die herrliche Kirche Sant'Andrea mit Fresken. ⊗ *Karte G4 • Information: Via Lungolago Zanardelli, 18 • 0365-641-330*

6 Limone sul Garda
Im Schutz einer Bucht bietet Limone einen langen Strand, einen kleinen Hafen und Hotels. ⊗ *Karte G3 • Information: Via Comboni 15 • 0365-954-265 • www.limone.com*

7 Riva del Garda
Das lebhafte Städtchen lockt viele Windsurfer an. Sehenswert sind die mittelalterliche Torre d'Apponale, die Burg Rocca, im Hinterland die Burgruine von Arco *(siehe S. 119)*. ⊗ *Karte H3 • Information: Giardini di Porta Orientale 8 • 0464-554-444*

8 Torbole
Die berühmte Stätte des Mailänder Siegs von 1439 *(siehe Kasten S. 119)* ist heute v. a. als exzellenter Wassersportort bekannt. ⊗ *Karte H3 • Information: Via Lungolago Verona 19 • 0464-505-177*

9 Malcesine
Die Burgmuseen sind der Naturgeschichte, Prähistorie und Goethe gewidmet. Der Dichterfürst war hier kurze Zeit inhaftiert, weil er sich beim Zeichnen der Burg als möglicher österreichischer Spion verdächtig gemacht hatte. ⊗ *Karte H3 • Information: Via Capitanato 6–8 • 0457-400-044*

10 Bardolino
Bardolino hat ein Museum über den seit den Römeren berühmten Rotwein und zwei romanische Kirchen. ⊗ *Karte G4 • Information: P. Aldo Moro • 045-721-0078 • Museo del Vino: www.museodelvino.it*

Links **Windsurfer** Mitte **Schwimmspaß am Gardasee** Rechts **Klettern**

🔟 Unternehmungen

1 Windsurfen
Jeden Sommer strömen Windsurfer ans windige Nordufer des Gardasees. Besonders die Gebiete um Riva und Torbole zählen zu den besten Süßwasser-Surfrevieren Europas. Bretter werden in Riva, Torbole und Sirmione verliehen.

2 Tauchen
Zwar keine Tropenpracht, doch kann man im überraschend klaren Wasser bei Riva einen untergegangenen Jesus bewundern. Ausrüstungen können geliehen werden.

3 Mountainbiken
Die Möglichkeiten sind vielfältig: Ebene im Süden, Berge am Nordufer oder einfach eine angenehme Tour am See entlang. Räder werden verliehen.

4 Klettern und Paragliden
Der Guide Alpine in Arco nördlich von Riva ist die Anlaufstelle für am Klettern oder Canyoning Interessierte. In dem Ort treffen sich auch die Paraglider im Multi Sport Centre – oder im Paragliding Club in Malcesine. Ⓢ Guide Alpine, 0464-507-075, www. guidealpinearco.com • Multi Sport Centre, 0464-531-080, www.multisport3.com • Paragliding Club, 045-740-0152

5 Golf spielen
Golf ist am Gardasee zwar nicht eben die bevorzugte Sportart, doch die Plätze am Südwestufer sowie das Grün im Osten sind durchaus empfehlenswert. Ⓢ Garda Golf, Soiano del Lago, 0365-674-707 • Golf Bogliaco, Toscolano, 0365-643-006 • Ca' Degli Ulivi, Torri del Benaco, 045-627-9030

6 Discoteca Tiffany, Riva
In der Diskothek hinter der Touristeninformation schwingt man auf der vollen Tanzfläche das Tanzbein zu Hits von den 1970ern bis heute. Ⓢ Karte H3 • Giardini di Porta Orientale • 0464-552-512 • Do–So

7 Disco Club Latino, Riva
In Rivas zweiter Disko blickt man durch riesige Panoramafenster auf den Hafen. Ⓢ Karte H3 • Via Monte Oro 14 • 0464-5550785 • Fr, Sa

8 Kursaal, Sirmione
Eine witzige Mischung aus Retro-Disko und Tanzsaal. Ⓢ Karte G4 • Via S. Martino della Battaglia, Lugana • 030-919-163

9 Dehor, Desenzano
Etwa drei Kilometer von der Autostrada bietet der elegante Klub im mediterranen Stil House sowie Pop und Funk der 1970er und 1980er Jahre. Einmal monatlich findet eine Themen-Partynacht statt. Ⓢ Karte G4 • Via Mantova • 030-991-9955 • Fr, Sa, Di

10 Sesto Senso Club, Desenzano
In dem beliebten Nachtklub flackern Laser über der tobenden Tanzfläche zu House, Pop und Europop. Ⓢ Karte G4 • Via dal Molin 99 • 030-914-2684

Preiskategorien

Preis für ein Drei-Gänge-Menü pro Person mit einer halben Flasche Wein, inkl. Steuern und Service.	€	unter 20 €
	€€	20–30 €
	€€€	30–40 €
	€€€€	40–50 €
	€€€€€	über 50 €

Links **Vecchia Lugana** Rechts **Gemma**

🔟 Restaurants

1 Esplanade, Desenzano
Eleganz, herrlicher Seeblick auf der Terrasse sowie kreative und traditionelle Küche im perfekten Gleichgewicht; frischer Süßwasserfisch, köstlicher Bergkäse und über 800 Weine im Keller – fantastisch. ◎ *Via Lario 10* • *Karte G4* • *030-914-3361* • *Mi geschl.* • *€€€€*

2 Cavallino, Desenzano
Gianfranco und Ornella Dallai servieren in dem charmanten Restaurant gern frischen Fisch und Geflügel. Köstliche Probiermenü und Desserts. ◎ *Via Gherla 30* • *Karte G4* • *030-912-0217* • *Di mittags, Mo geschl.* • *€€€€€*

3 Villa Fiordaliso, Gardone Riviera
Das Hotel in der prächtigen Villa *(siehe Eintrag 2, S. 123)* bietet makellose Küche in bester italienischer Tradition *(siehe S. 69)*. ◎ *Via Nanardelli 150* • *Karte G4* • *0365-20-158* • *Mo, Di mittags geschl.* • *€€€€€*

4 Vecchia Lugana, Sirmione
Im umgebauten Bauernhaus am Anfang der Halbinsel werden exzellenter Service, regionale Küchenfavoriten und kulinarische Kreativität groß geschrieben. ◎ *Piazzale Vecchia Lugana 1* • *Karte G4* • *030-919-012* • *Mo, Di geschl.* • *€€€€€*

5 La Rucola, Sirmione
Das vornehme Restaurant der Familie Bignotti entzückt Feinschmecker mit kreativer, saisonaler Küche, die bevorzugt Fisch und Fleisch aus der Umge-

bung verarbeitet. ◎ *Via Strentelle 3* • *Karte G4* • *030-916-326* • *Do, Fr mittags geschl.* • *€€€€€*

6 Vecchia Malcesine, Malcesine
Auf der Panoramaterrasse genießt man den Blick auf die Stadt, lokale Spezialitäten und ein kühles Lüftchen. ◎ *Via Pisort 6* • *Karte H3* • *045-740-0469* • *Mi geschl.* • *€€€€€*

7 Gemma, Limone
In der freundlichen Trattoria serviert man Pasta und gegrillten Fisch. ◎ *Piazza Garibaldi 12* • *Karte G3* • *0365-954-014* • *Mi geschl.* • *€€*

8 Birreria Spaten, Riva
Wer zwischendrin heimische Küche braucht: Hier gibt es *wurstel*, *schnitzels* und natürlich Bier. ◎ *Via Maffei 7* • *Karte H3* • *0464-553-670* • *Mi geschl.* • *€€*

9 Bella Napoli, Riva
Seit über 30 Jahren leitet ein sizilianisches Ehepaar das stets volle Lokal – die Holzofenpizza wird jedoch strikt nach einem neapolitanischen Rezept gebacken. ◎ *Via Diaz 29* • *Karte H3* • *0464-552-139* • *Mi geschl.* • *€€*

🔟 Gardesana, Torri del Benaco
Reservieren Sie einen Tisch auf der langen Terrasse mit Blick auf die schaukelnden Fischerboote im Hafen. Die hochgelobte Küche mischt internationale und regionale Gerichte. ◎ *Piazza Calderini 20* • *Karte G4* • *045-722-5411* • *€€€€*

Hinweis: *Wenn nicht anders angegeben, akzeptieren alle Restaurants Kreditkarten und bieten auch vegetarische Gerichte an.*

Preiskategorien

Preis für ein Doppel-
zimmer pro Nacht
mit Frühstück (falls
inklusive), Steuern
und Service.

€	unter 110 €
€€	110–160 €
€€€	160–210 €
€€€€	210–270 €
€€€€€	über 270 €

Links **Grand Hotel Fasano** Rechts **Sole**

🔟 Hotels

1 Park Hotel, Desenzano

Hotel mit modern-rustikaler Ausstattung und Zimmern mit Seeblick. ✆ *Lungolago Cesare Battisti 17 • Karte G4 • 030-914-3494 • €€*

2 Villa Fiordaliso, Gardone Riviera

Hier verbrachten Mussolini und seine Geliebte ihre letzten Wochen. Die Terrasse hat Seeblick *(siehe Eintrag 3, S. 122).* ✆ *Via Nanardelli 132 • Karte G4 • 0365-20-158 • www.villafiordaliso.it • €€€€*

3 Grand Hotel Fasano, Gardone Riviera

Das ehrwürdige Hotel liegt in einem Palmen- und Weidenpark am Ufer. Wer es zurückgezogen mag, mietet die frühere Jagdhütte Villa Principe. ✆ *Gardone Riviera • Karte G4 • 0365-290-220 • www.ghf.it • 7. Okt–8. Mai geschl. • keine Kreditkarten • teilweise Klimaanlage • €€€*

4 Park Hotel Villa Cortine, Sirmione

Das exklusive neopalladianische Hotel thront über seinem eigenen Park und Strand. Ausstattung mit Antiquitäten, exquisite Küche. ✆ *Via Grotte 6 • Karte G4 • 030-990-5890 • www.hotelvillacortine.com • 21. Okt–27. März geschl. • €€€€€*

5 Grifone, Sirmione

Das freundliche, preiswerte Hotel ist relativ ruhig am See gelegen und bietet einen eigenen Strand. ✆ *Via Bocchio 4 • Karte G4 • 030-916-014 • keine Kreditkarten • keine Klimaanlage • €*

6 Sole, Riva del Garda

Eines der besten Hotels in Riva: am See gelegen, gutes Restaurant und kostenlose Fahrräder für Gäste. ✆ *Piazza 3 Novembre 35 • Karte H3 • 0464-552-2686 • www.hotelsole.net • Nov–Mitte März geschl. • teilweise Klimaanlage • €€*

7 Hotel Du Lac et Du Park, Riva del Garda

Luxuriöse Erholung mit Fitnesszentrum, Wellness, kleinem Park, Pools, Tennis, Minigolf und einem grandiosen Sandstrand. ✆ *Viale Rovereto 44 • Karte H3 • 0464-551-500 • www.hoteldulac-riva.it • €€€*

8 Le Palme, Limone sul Garda

Zimmer im venezianischen Stil, meist mit Seeblick, kleiner Swimmingpool und Garten mit Zitronenbäumen. ✆ *Via Porto 36 • Karte G3 • 0365-954-681 • www.limone.com/splendid • Nov–Ostern geschl. • €€*

9 Malcesine, Malcesine

Fragen Sie in dem ältesten Hotel am Ort (am kleinen Hafenplatz) nach einem Zimmer mit Seeblick. Im niedrigen Preis ist Halbpension inklusive. ✆ *Piazza Pallone 4 • Karte H3 • 045-740-0173 • keine Klimaanlage • €*

10 Romantik Hotel Laurin, Salò

Eine kanariengelbe Villa von 1905 mit großen, hohen Gästezimmern und Swimmingpool. ✆ *Viale Landi 9 • Karte G4 • 036-522-022 • www.laurinsalo.com • €€€*

Hinweis: Wenn nicht anders angegeben, akzeptieren alle Hotels Kreditkarten und bieten Zimmer mit Bad und Klimaanlage.

Links **Piazza del Comune, Cremona** Mitte **Da Candida, Lago di Lugano** Rechts **L. Rossi, Mantua**

Kleinere Seen & Städte

AUCH WENN DIE OBERITALIENISCHEN BERÜHMTHEITEN *Lago Maggiore, Comer See* und *Gardasee* touristisch in der Region sicherlich die erste Geige spielen, haben die unbekannteren Seen und Städte der Lombardei ihren Gästen viel zu bieten. Die Museen in Bergamo, Mantua und anderen Orten mögen zwar nicht so bedeutend sein wie Mailands Kulturstätten und die Villen weniger prächtig als die Perlen am Comer See. Doch abseits der ausgetretenen Pfade, der Menschenmengen in Mailand und der Staus an den großen Seen lassen sich in Ruhe wahre Kleinode entdecken.

Sehenswert

1. Lago d'Orta
2. Lago di Varese
3. Lago di Lugano (Luganer See)
4. Bergamo
5. Lago d'Iseo
6. Lago d'Idro
7. Brescia
8. Mantova (Mantua)
9. Sabbioneta
10. Cremona

Mantua

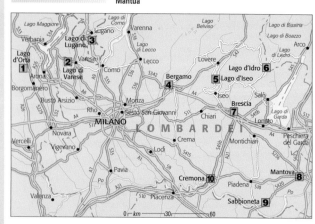

1 Lago d'Orta

Orta San Giulio, der mittelalterliche Hauptort an diesem westlichsten See der Region, liegt auf einer zum *Sacro Monte* umgestalteten Halbinsel. Den Weg auf diesen heiligen Berg säumen 20 Kapellen (1591–1770). Von Orta fahren Boote zur idyllischen Isola San Giulio. Am Nordende des Sees liegt Omegna, das Zentrum des italienischen Industriedesigns. Einige der hier im frühen 20. Jahrhundert gegründeten Betriebe entwickelten sich zu wahren Giganten, so etwa Alessi oder Bialetti *(siehe S. 58)*. Sehenswert ist das dem Design gewidmete Forum Museum.

Karte A3 • Information: Via Panoramica in Orta San Giulio, 0322-905-163; www.distrettolaghi.it • Forum Museum: Omegna; www.forumomegna.org; Eintritt

2 Lago di Varese

Der Lago di Varese war, neben Lago Monate, Lago Comábbio und dem winzigen Lago Biandronno, wegen seines bukolischen Charmes bei lombardischen Landschaftsmalern des 18. Jahrhunderts ein beliebtes Motiv. Trotz einiger Fabriken hat sich die Gegend mit den romanischen Kirchen, spiegelglatten Gewässern und der Alpenkulisse seitdem nur wenig verändert. Die Ufer erreicht man meist nur über die Dörfer an den Seen. In der sumpfigen Region stieß man auf

Steil erheben sich die Berge am Luganer See

bedeutende prähistorische Funde – besonders auf der Insel Isolino im Lago Varese (von Juni bis September mit dem Boot von Biandronno aus erreichbar). Die Artefakte sind in den Musei Civici im Ort Varese ausgestellt. *Karte B3 • Information: Via C. Carrobbio 2, Varese • 0332-283-604 • www.hcs.it/varese*

3 Lago di Lugano (Luganer See)

Der Hauptort des italienisch-schweizerischen Luganer Sees, Campione d'Italia, ist eine italienische Enklave auf eidgenössischem Gebiet. Campione verströmt mit seinen Pizzerien und Spielkasinos einen eher derben Charme im Vergleich zum seriöseren Schweizer Ufer. Dort findet man im Süden bei Melide die fröhlich-kitschige Mini-Schweiz Swissminiatur mit Modellen von Bauwerken im Maßstab 1:25. *Karte B–C2 • Information: Campione d'Italia, Via Volta 3, 091-649-5051; www.campioneitalia.com • Swissminiatur, bei Melide, www.swissminiatur.ch; Eintritt*

Lago di Varese

Piazza Vecchia, Bergamo

4 Bergamo

Mittelalterliche Straßen, elegante Boutiquen und Renaissance-Kirchen: Bergamo zählt zu Recht zu den Top 10 der Region *(siehe S. 26f)*. ✎ *Karte D3*

5 Lago d'Iseo

Der Ort Iseo an den hübschesten der kleinen Seen gibt sich mit zurückhaltenden Hotelbauten und Wassersportmöglichkeiten touristisch. Weiter nördlich prangen in der Galleria Taldini in Lovere in einer kleinen, aber feinen Gemäldesammlung Werke von Meistern wie Jacopo Bellini, Tintoretto und Tiepolo. Höchsten Kunstgenuss bietet auch die Kirche Santa Maria della Neve am Rand von Pisogne: Ihren Innenraum zieren Fresken, die Romanino 1532–34 malte (wenn die Kirche geschlossen ist, im Café im nahen Kreuzgang nachfragen). ✎ *Karte E3–4 • Information: Via Marconi 2, Iseo, 030-980-209 • Galleria Taldini, Lovere, Karte F3; Apr–Okt; Eintritt*

6 Lago d'Idro

Hier kann man Forellen angeln, segeln, windsurfen und in den nahen Bergen hervorragend Ski fahren. Zu den guten Sportmöglichkeiten und der schönen Landschaft kommen Attraktionen wie die Burg von Anfo aus dem 16. Jahrhundert und die Fresken aus dem 15. Jahrhundert in der Kirche Sant'Antonio. ✎ *Karte G3*

7 Brescia

Im schönen Zentrum der Industriestadt Brescia finden sich mittelalterliche und Renaissance-Bauten sowie zahlreiche Relikte aus römischer Zeit (so ein Tempel und ein Theater). Im alten Kloster San Salvatore e Santa Giulia ist der Sitz des exzellenten Museo della Città mit prähistorischen, römischen und mittelalterlichen Objekten und Kunstwerken. Die Gemäldegalerie Pinacoteca Tosio-Matinengo zeigt Arbeiten einheimischer Renaissance-Künstler und Meisterwerke von Raffael und Tintoretto. ✎ *Karte F4 • Information: Corso Zanardelli 38, 030-43-418; www.bresciaholiday.com • Museo della Città, Via dei Musei; Eintritt*

8 Mantova (Mantua)

Mit Palästen, Kirchen und Werken von Mantegna und Giulio Romano rangiert auch Mantua unter den Top 10 der ganzen Region *(siehe S. 28f)*. ✎ *Karte H6*

Links **Lago d'Iseo** Rechts **Piazza del Comune, Cremona**

Mantua

Sabbioneta

9 Graf Vespasiano Gonzaga ließ seine Residenz im späten 16. Jahrhundert nach dem Idealplan einer Renaissance-Stadt anlegen. Mit einer einzigen Eintrittskarte können Sie alle wichtigen Sehenswürdigkeiten besichtigen: den Palazzo del Giardino (Sommerpalast); die Galleria mit den fantastischen Trompe-l'Œil-Malereien und das Teatro all'Antica. ◈ *Karte G6 • Information: Piazza d'Armi 1 • 0375-221-044 • www.sabbioneta.it*

Cremona

10 In Cremona lebten und arbeiteten einige der besten Saiteninstrumentenbauer aller Zeiten. Ihre Kunst erreichte ihren Höhepunkt im 17. Jahrhundert in der Werkstatt von Antonio Stradivari. Selbstverständlich haben Cremonas Sehenswürdigkeiten mit dem Geigenbau zu tun: Die Raccolta dei Violini zeigt Instrumente aus dem 17. und 18. Jahrhundert, im Museo Stradivariano geben sich Kunststücke der größten Geigenbauer die Ehre (Amati, Stradivari und Guarneri). ◈ *Karte E6 • Information: Piazza del Comune 5 • 0372-23-233 • www.cremonaturismo.com*

Zweitägige Seen- & Städtetour

Erster Tag

🕐 Die kleineren oberitalienischen Seen und Städte liegen verstreut in der Lombardei und im östlichen Piemont. Am besten erkundet man sie in einer gemütlichen Zweitagestour, die vom Gardasee zum Comer See führt.

Fahren Sie auf der Autobahn A4 Richtung Westen nach **Brescia**. Dort besuchen Sie das Museum, bewundern römische Relikte und stärken sich in den **Due Stelle** *(siehe S. 129)*. Danach erkunden Sie das Ostufer des **Lago d' Iseo**. Sehenswert sind v. a. Romaninos Fresken in Pisogne, das kleine Museum in Lovere und die bizarren Felsspitzen bei Zone.

Wer kann, sollte in **I Due Roccoli** *(S. 148)* übernachten oder dort zu Abend essen *(S. 129).*

Zweiter Tag

Der Weg führt nach Norden in das **Val Calmonica** *(siehe S. 47)* mit den wunderbaren prähistorischen Felsgravuren. Auf dem Rückweg wenden Sie sich in Lovere nach Westen und Richtung **Bergamo**.

Dort locken nach einer kurzen Rast im Hotel die herrliche Renaissance-Architektur und -Kunst der Capella Colleonil, die exzellente Galerie Accademia Carrara, der mittelalterliche Stadtplatz und – selbstverständlich – die Läden, Cafés und Weinlokale.

Den Tag beschließen ein herzhaftes Abendessen und ein guter Tropfen in der **Antica Hosteria del Vino Buono** *(siehe S. 129).*

Oberitalienische Seen – Kleinere Seen & Städte

 Festivals in Cremona und anderen Städten siehe S. 52f

Links **I Portici del Comune** Rechts **Kneipenschild des Oblò**

🔟 Läden, Cafés & Bühnen

1 Lagostina, Crusinallo-Omegna, Lago d'Orta

Der Fabrikladen der bekannten Designer bietet Waren 30–50 Prozent reduziert an. Gleiches gilt für ähnliche Läden in derselben Straße – Bialetti (Nr. 106), Fratelli Piazza Effepi (Nr. 242) und Alessi (Via privata Alessi). Noch günstiger ist B-Ware *(sformati)*. ✎ Karte A3 • Via IV Novembre 39

2 Calzaturificio di Varese, Varese

Für Schuhfans: täglich neue reduzierte Markenschuhe aller Arten von Sisley bis Benetton. ✎ Karte B3 • Via S. Martino 5

3 Vineria Cozzi, Bergamo

Altmodisches Weinlokal mit Glasvitrinen und Marmortheke sowie einem ruhigeren Hinterraum und einem kleinen, grünen Seitenhof. Einfach die Seele bei feinem Wein und leckeren Spezereien baumeln lassen ... *(siehe S. 65)*. ✎ Karte D3 • Via Colleoni 22 • €€

4 Caffè del Tasso, Bergamo

Das historische Café am Hauptplatz ist seit dem 16. Jahrhundert das »Wohnzimmer« der Stadt, in dem auch revolutionäre Debatten gehalten wurden. ✎ Karte D3 • Piazza Vecchia 3 • €

5 Papageno Pub, Bergamo

Entspannend: nur einen Katzensprung vom Hauptplatz an kleinen runden Tischen ein frisch gezapftes Guinness genießen. ✎ Karte D3 • Via Colleoni 1b

6 Lubiam, Mantua

Seit 1911 einer der besten italienischen Herrenschneider. Dieser Lagerverkauf bietet eine unüberschaubare Auswahl (über 1000 Anzüge, 1500 Sakkos etc.) zu 35 Prozent reduzierten Preisen. ✎ Karte H6 • Viale Fiume 55

7 Oblò, Mantua

Beliebtes Lokal mit freundlichen Wirten, gutem Bier, großartigen *panini*, Nichtraucherzimmer und einheimischen Stammgästen. Trotz der lauten Musik angenehm. ✎ Karte H6 • Via Arrivabene 50

8 Sperlari, Cremona

Der Laden von 1836 (mit Holzboden!) verkauft hausgemachte Süßigkeiten, *torrone* (Nougat), Liköre, *mostarde* (kandierte Früchte) und »Kirschen mit Geist«. ✎ Karte E6 • Via Solferino 25

9 Konzerte und Opern im Teatro Ponchielli, Cremona

Jeder Musikfreund würde gern einem reinen Stradivari-Quartett zuhören. Das Teatro Ponchielli ist wohl der einzige Ort, der diesen Genuss regelmäßig anbietet. ✎ Karte E6 • Corso V. Emanuele 52

10 I Portici del Comune, Cremona

Guter Kaffee, leckeres *gelato* (Eis) und feine *panini*. Von den Tischen unter den Arkaden fällt der Blick auf die schönste Kathedralenfassade der ganzen Lombardei. ✎ Karte E6 • Piazza del Comune 2 • €

Weitere Hotels rund um die kleinen Seen siehe S. 148

Preiskategorien

Preis für ein Drei-Gänge-Menü pro Person mit einer halben Flasche Wein, inkl. Steuern und Service.	€ unter 20 €
	€€ 20–30 €
	€€€ 30–40 €
	€€€€ 40–50 €
	€€€€€ über 50 €

Links **Da Candida** Rechts **I Due Roccoli**

🔟 Restaurants

1 I Due Roccoli, Iseo, Lago d'Iseo

Das Restaurant eines hervorragenden Hotels *(siehe S. 148)* residiert hoch über dem Ort Iseo. Hier genießt man feine Regionalküche in einem Hof mit Blick auf Wiesen und Wälder *(siehe S. 69)*. ✪ *Karte C4 • Via Silvio Bonomelli • 030-982-2977 • €€€€*

2 Da Candida, Campione d'Italia, Luganer See

Spezialität des eleganten Restaurants mit französisch-italienischer Küche sind hausgemachte Gänseleberpastete und auf offenem Feuer langsam gegarte Polenta. ✪ *Karte C2 • Via Marco 4 • 0041-649-7541 • So, Mo mittags geschl. • €€€€*

3 Antica Agnello, Lago d'Orta

Das gemütliche Lokal serviert Fisch, Wild und kreative regionale Küche mit stets absolut frischen Zutaten. ✪ *Karte A3 • Via Olina 18 • 0322-90-259 • Di geschl. • €€*

4 Villa Crespi, Lago d'Orta

Das elegante Restaurant des pseudo-maurischen Hotels *(siehe S. 148)* überzeugt mit gutem Service und Top-Regionalküche. ✪ *Karte A3 • Via Fava 18 • 0322-911-908 • www.lagodortahotels.com • €€€*

5 Antica Hosteria del Vino Buono, Bergamo

In den einfachen Räumen des mittelalterlichen Palazzo schmecken herzhafte Gerichte und Probiermenüs. ✪ *Karte D3 • Via Donizetti 25 • 035-247-993 • Mo geschl. • €€*

6 Taverna del Colleoni & del Angelo, Bergamo

Das feine Restaurant in einem Renaissance-Palazzo am Hauptplatz bietet im Sommer Tische im Freien. Empfehlenswert: die lokalen Spezialitäten (auf der Kartenrückseite). ✪ *Karte D3 • Piazza Vecchia 7 • 035-232-596 • Mo geschl. • €€€€€*

7 Leoncino Rosso, Mantua

Das rustikale Restaurant nahe dem Hauptplatz serviert seit 1750 exzellente Mantueser Küche – etwa *tortelli di zucca* (Teigtaschen mit Kürbisfüllung). ✪ *Karte H6 • Via Giustiziati 33 • 0376-323-277 • So geschl. • €€*

8 Ochina Bianca, Mantua

Köstliche Variationen von lokalen Gerichten und hervorragender Süßwasserfisch. ✪ *Karte H6 • Via Finzi 2 • 0376-323-700 • Mo geschl. • €€*

9 La Sosta, Cremona

Die holzgetäfelte Osteria ist wegen ihrer Hausmannskost beliebt. Das Rezept für *gnocchi vecchia Cremona* (Kartoffelklöße mit Honig und Salami) stammt aus dem 17. Jahrhundert. ✪ *Karte E6 • Via Sicardo 9 • 0372-456-656 • Mo, So abends geschl. • €€€*

10 Due Stelle, Brescia

Seit über 100 Jahren genießt man hier gute lokale Küche, sei es am Brunnen aus dem 16. Jahrhundert im Hof oder drinnen am Kamin. ✪ *Karte F4 • Via S. Faustiaio 48 • 030-42-370 • Mo geschl. • €€*

Hinweis: Wenn nicht anders angegeben, akzeptieren alle Restaurants Kreditkarten und bieten auch vegetarische Gerichte an.

REISE-INFOS

MAILAND & OBERITALIENISCHE SEEN

Links **Busstation am Flughafen Malpensa** Mitte **Flughafen Linate** Rechts **Mit dem Auto unterwegs**

Ankunft

1 Mit dem Flugzeug von Deutschland

Lufthansa und Alitalia fliegen aus deutschen Flughäfen direkt nach Mailand, ebenso German-wings. Der Flughafen Bergamo wird auch von Ryanair, Air Berlin und Hapag Lloyd Express angeflogen.

2 Mit dem Flugzeug von Österreich

Die Flotte der Austrian Airlines Group (Austrian Airlines, Lauda Air und Tyrolean Air) fliegt von mehreren österreichischen Städten aus Mailand an.

3 Mit dem Flugzeug von der Schweiz

Neben mehreren internationalen Fluglinien fliegt auch Swiss etwa von Zürich nach Mailand.

4 Mit dem Flugzeug aus Europa

Alle wichtigen europäischen nationalen Fluglinien fliegen Mailand an. Ryanair fliegt zudem von Brüssel, Paris und Barcelona, Virgin Express von Brüssel nach Mailand.

5 Flüge & Reisen im Internet buchen

Auf den Websites der meisten Fluglinien kann man Flüge buchen und sogar auf Schnäppchenjagd gehen. Wer Angebote in Ruhe prüfen möchte, wird auf der Sammelseite mehrerer Fluglinien, www.opodo.de, oder auf den Websites der Internet-Reisebüros fündig werden. Immer wieder gute Angebote finden sich zudem auf http://lastminute.com.

6 Flughafen Malpensa

Zum näher bei Como als bei Mailand gelegenen Flughafen Malpensa fährt alle 30 Minuten der Malpensa Express vom Bahnhof Cadorna im westlichen Mailand (40 Minuten). Wer den Bus bevorzugt: Malpensa Express oder Shuttle fahren zwei- bis dreimal stündlich nach Mailand Mitte (ca. 50 Minuten).

7 Flughafen Linate

Mailands zweiter Flughafen liegt östlich der Stadt und ist eine Drehscheibe für Alitalia. Hier landen auch viele internationale Flüge. Die STAM-Busse fahren alle 30 Minuten in die Mailänder Innenstadt (dauert etwa 25 Minuten), Fahrkarten werden im Bus verkauft. Am schnellsten, bequemsten und dabei nicht zu teuer ist jedoch eine Taxifahrt in die Stadtmitte.

8 Anreise per Bahn

Mailand wird von vielen europäischen Städten aus mit Expresszügen (EC/IC/EN) angefahren. Der schnellste Zug ist der ETR Eurostar, der die Metropole mit den wichtigsten italienischen und vielen europäischen Städten verbindet.

9 Mailands Bahnhöfe

Die meisten Züge fahren zur Stazione Centrale, wo sich die Touristeninformation in einem Gang mit Läden abseits der Bahnhofshalle versteckt. Weitere Bahnhöfe sind Cadorna (Verbindung zum Flughafen Malpensa), Nord (Como), Porta Genova (Asti, Alessandria, Orte im Südwesten) sowie Porta Garibaldi (Lecco).

10 Anreise per Auto

Die A4 führt von Südfrankreich über Turin nach Mailand und weiter bis Venedig. Vom Norden gelangt man entweder über die Alpenpässe Sempione, St. Gotthard oder St. Bernhard auf die nach Mailand führende italienische A2, oder man folgt der Brenner-Autobahn A22 bis Verona und biegt dort auf die A4 ab.

Auf einen Blick

Fluglinien
www.alitalia.it
www.lufthansa.com
www.germanwings.com
www.ryanair.ie
www.airberlin.com
www.hlx.com.com
www.aua.com
www.swiss.com
www.virginexpress.com
www.opodo.de
Internet-Reisebüros
www.reiselinie.de
www.traveloverland.de
Mailands Flughäfen
• 02-74-851 • www.
sea-aeroportimicomo.it

Links **Auf großer (Bus-)Fahrt** Mitte **Leichte Orientierung bieten Schilder** Rechts **Fähre**

𝗧𝗢𝗣10 Unterwegs

1 Eisenbahn
Die schnellen Züge der italienischen Bahngesellschaft FS erreichen nicht alle Winkel der Lombardei. Jeder Bahnhof hängt seinen eigenen Fahrplan aus (Abfahrt auf gelbem, Ankunft auf weißem Hintergrund), italienweite Pläne erhält man an Kiosken. Neuerdings verkürzen Fahrscheinautomaten die Schlangen an den Schaltern. Fahrkarten werden vor dem Einsteigen in den gelben Entwertern abgestempelt.

2 Überlandbusse
Busse sind langsamer und nicht preiswerter als die Bahn, fahren aber auch zu mit dem Zug unerreichbaren Orten.

3 Fähren
Auf Comer See, Gardasee, Lago Maggiore und d'Iseo fahren die öffentlichen Fähren von Navigazione Laghi, auf den kleineren Seen verkehren Boote zwischen Städten und zu den Inseln. Privatboote und Wassertaxis sind doppelt so teuer wie öffentliche Fähren.

4 Mietwagen
Mit dem Auto ist man in der Region am besten unterwegs. Lokale Anbieter sind selten günstiger als internationale Firmen – am besten bucht man bereits zu Hause. Tipp: Die oft geforderte Diebstahlversicherung ist häufig schon von der Kreditkartenfirma abgedeckt.

5 Schilder & Karten
Die besten und überall in Italien erhältlichen Straßenkarten sind die des TCI (Touring Club Italiano). Attraktionen und Panoramastraßen sieht man besser auf den Michelin-Karten. Auf den grünen Autobahn- oder blauen Landstraßenschildern werden häufiger die Endpunkte der Strecken als die Straßennummern angegeben – überprüfen Sie auf der Karte, welche Orte Sie passieren und wohin die Straße führt.

6 Verkehrsregeln
In geschlossenen Ortschaften sind 30–50, auf zweispurigen Landstraßen 80–110, auf Autobahnen 130 Stundenkilometer erlaubt. Die linke Spur ist nur zum Überholen. Auf breiten Landstraßen wird das Bankett genutzt, damit schnellere Wagen überholen können.

7 Maut & Benzin
Die einzigen Mautstraßen sind die Autobahnen, die die großen Städte verbinden. Bleifreies Benzin heißt *senza piombo* oder *verde*, Diesel *gasolio*. Tankstellen sind sonntags meist geschlossen, besitzen aber oft automatische Zapfsäulen, die Banknoten und Kreditkarten akzeptieren.

8 Parken
Wenige Hotels haben eigene Parkplätze, die meisten jedoch Verträge mit Garagen am Ort.

Parkplätze sind markiert: Bei weißen Linien darf man immer parken, außer ein Schild *Solo residenti e autorizzati* zeigt, dass der Platz für Anwohner reserviert ist. Gelbe Linien symbolisieren Halteverbot, und eine blaue Markierung zeigt, dass für den Parkplatz bezahlt werden muss.

9 Bus, Tram, U-Bahn
Für Mailands Busse, Straßen- und U-Bahnen gelten die gleichen Fahrkarten. Man kauft sie in *Tabacchi*-Läden (erkennbar am weißem »T« auf dunklem Grund), Bars und an Kiosken. Sie werden beim Einsteigen entwertet und gelten für eine bestimmte Zeit.

10 Taxis
Taxistände finden sich an Flughäfen und Bahnhöfen. In Hotels und Restaurants wird man gern für Sie ein Taxi rufen. Die Tarife verteuern sich je nach Gepäckmenge, Uhrzeit (nach 20 Uhr), an Feiertagen und bei Fahrten außerhalb des Zentrums. Geben Sie etwa zehn Prozent Trinkgeld.

Auf einen Blick

Bahn
www.fs-on-line.it

Fähren
www.navigazionelaghi.it

Autovermietung
www.europebycar.com
www.autoeurope.com

Wollen Sie länger als drei Wochen ein Auto mieten? **Siehe S. 135**

133

Links **Fremdenverkehrsbüro** Mitte **Einkaufspassage** Rechts **Zeitungsladen**

10 Grundinformationen

1 Italienisches Fremdenverkehrsamt

Das italienische Fremdenverkehrsamt ENIT *(Ente Nazionale Italiano per il Turismo)* unterhält Büros in vielen Großstädten wie Berlin, München, Zürich und Wien. Auf der Website des ENIT findet man Links zu lokalen Büros in der Lombardei.

2 Informationsbüro der Lombardei

In den lokalen Tourismusbüros *(Informazioni turistiche,* oft »APT« oder »Pro Loco« genannt) gibt es kostenlose Karten, Verzeichnisse mit Öffnungszeiten von Sehenswürdigkeiten und Museen sowie von Hotels. Mailands Touristeninformation befindet sich an der Piazza del Duomo in der Via Marconi 1 (02-7252-4301), eine Filiale in der Stazione Centrale (02-7252-4360).

3 Einreise

Schweizer benötigen für die Einreise einen Personalausweis, auch EU-Bürger müssen sich in Italien ausweisen können. Für Autofahrer empfiehlt sich eine grüne Versicherungskarte.

4 Zoll

Beschränkungen für die Ein- und Ausfuhr von Tabak und Alkohol für Nicht-EU-Bürger: 200 Zigaretten (EU-Bürger: 800), zwei Liter Wein und ein Liter Spirituosen (EU-Bürger 90 Liter Wein oder zehn Liter Spirituosen).

5 Öffnungszeiten

Läden öffnen meist zwischen 8 und 9 Uhr, machen ebenso wie Kirchen und Museen von 12.30 bis 15 oder 16 Uhr Mittagspause *(riposo)* und schließen zwischen 18 und 20 Uhr. In größeren Städten wird immer häufiger durchgehend gearbeitet *(orario continuato)*.

6 Strom

In Italien liegt die Netzspannung wie in ganz Europa bei 230 Volt. In die italienischen Steckdosen passen meist nur Flachstecker, für Schukostecker sind Adapter erforderlich, die auch vor Ort erhältlich sind.

7 TV & Zeitungen

Ab drei Sterne bieten Hotels in der Regel Fernsehgeräte mit Satellitenanschluss, über die man deutsch- und englischsprachige Kanäle empfangen kann. Deutschsprachige Zeitungen und Zeitschriften sind am besten an den Bahnhöfen und den Kiosken an den Hauptplätzen erhältlich.

8 Beste Reisezeit

In der Lombardei herrscht ein mildes Mittelmeerklima mit drückend heißen Sommern und Schnee im Januar. Während sich im Frühjahr v. a. die Städte über ausgebuchte Hotels freuen, gehört der Sommer ganz den Seen. In den Bergen nördlich der Seen kann man im Winter Ski fahren.

9 Hochsaison & Feiertage

Die Hochsaison dauert von Ostern bis Juli bzw. September bis Oktober. Im August sind die Städte verlassen, an den Seen tobt im Juli und August das (touristische) Leben. Während der Mailänder Messen im März, April und Oktober sind Hotelzimmer und Tische in guten Restaurants Mangelware. Feiertage sind der 1. und 6. Januar, Ostersonntag und -montag, 25. April, 1. Mai, 15. August, 1. November, 8., 25. und 26. Dezember.

10 Kleidung

In Italien kleidet man sich gut, auch wenn nur wenige Restaurants formale Kleidung verlangen. In vielen Kirchen gilt: keine nackten Schultern und Knie (keine Shorts, Miniröcke, Westen und Tops).

Auf einen Blick

• *Fremdenverkehrsamt:* www.enit.it

• *Lombardei:* www. regione.lombardia.it

• *Piemont:* www.regione. piemonte.it/turismo

• *Mailand:* www. milanoinfotourist.com

• *Gardasee:* www. gardaworld.com

• *Comer See:* www. lagodicomo.com

• *Lago Maggiore:* www.lagomaggiore.it

 Weitere Informationen zu Zollbeschränkungen **siehe S. 137**

Links **Auf Besichtigungstour** Mitte **Ein-Sterne-Hotel** Rechts **Souvenirs, Souvenirs**

TOP10 Mailand & die Seen für wenig Geld

1 Kostenloser Kunstgenuss

Fantastische Architektur und Kunst bieten lombardische Kirchen fast immer kostenlos. Grandiose Kulissen für bestes »Alltagstheater« liefern die traumhaften Stadtplätze mit den herrlichen Palazzi – hier sitzt man für den Preis von einem Cappuccino in der ersten Reihe.

2 Ermäßigungen

Je nach Sehenswürdigkeit variieren Ermäßigungen erheblich, gelten etwa nur für Kinder unter sechs oder Jugendliche unter 18 Jahren, für Studenten sowie für Senioren über 60 oder 65. Der Eintritt für die nationalen Museen ist generell für Personen unter 18 und über 60 Jahre frei. Viele Städte bieten Sammeleintrittskarten für mehrere Sehenswürdigkeiten.

3 Preiswert reisen

Wer unter 18 oder über 60 Jahre alt ist, erhält mit der Carta Verde bzw. Carta Argento (13 €) 30 Prozent Ermäßigung auf alle Bahnfahrten. Die italienischen BahnCards rentieren sich jedoch nicht, wenn man nur in der Lombardei reist.

4 Auto leasen

Ab drei Wochen ist es oft günstiger, ein Auto zu leasen als zu mieten. Vorteil: Geleaste Wagen sind vollkasko versichert und fabrikneu. Die Pioniere des kurzen Auto-Leasings sind Europe By Car und Auto Europe (siehe S. 133), aber auch andere Agenturen übernehmen langsam das Konzept.

5 Preiswertere Unterkünfte

In der Regel sind Hotelzimmer umso teurer, je näher sie am Stadtzentrum sind. Es lohnt sich aber, in der Stadt mit einem Zwei-Sterne-Haus oder einem Zimmer ohne Bad vorlieb zu nehmen, als in einem langweiligen Vorort in einem besseren Zimmer zu versauern. Stets vermeiden: maßlos überteuerte Getränke aus der Minibar und Telefongespräche vom Apparat im Zimmer.

6 Günstig essen

Im Schlemmerparadies Italien kann das Essen in einer Osteria oder Trattoria so gut schmecken wie in einem Nobelrestaurant. Häufig kosten Snacks wie viel wie der erste Gang, Leitungswasser (acqua dal rubinetto) wird in der Regel kostenlos serviert. Sehr günstige warme Mahlzeiten bieten die tavole calde und Bars (siehe S. 142).

7 Picknicken

Stellen Sie sich beim sinnenfrohen Einkauf im Lebensmittel-(alimentari) und Gemüseladen (fruttivendolo), in Bäckerei und Konditorei (panetteria/pasticceria) und im Weinladen (enoteca/ fiaschetteria) ein königliches Picknick zusammen, das Sie in grandioser Umgebung nach Wahl gemütlich genießen.

8 Bar bezahlen

In Läden und kleineren Hotels erhält man bei Barbezahlung oft etwas Rabatt, da für das Unternehmen keine Kreditkartenprovision anfällt. Offiziell müssen Sie jedoch auch bei Barzahlungen darauf achten, dass Sie eine Rechnung erhalten, und diese mindestens 400 Meter mitführen.

9 In der Nebensaison reisen

Nachdem Frühjahr und Herbst für Hotels und Fluglinien in Italien auch zur Hochsaison zählen, wirken sich – bisweilen erheblich – niedrigere Nebensaisonpreise meist nur im Zeitraum von Mitte November bis kurz vor Ostern aus. Beachten Sie jedoch, dass die Einrichtungen an den Seen (dort v.a. in den Ferienorten) im Winter meist geschlossen sind.

10 Clever einkaufen

Bürger aus Staaten außerhalb der EU sollten so einkaufen, dass sie die Mehrwertsteuer zurückerstattet bekommen (siehe S. 137). Erwerben Sie statt der üblichen Souvenirs lieber Kunsthandwerk (am besten direkt in der Werkstatt) und natürlich lokale Produkte, die es zu Hause nicht gibt (siehe S. 58f).

Weitere Informationen über Leihwagen siehe S. 133, 141   135

Links **Geldautomatenschild** Mitte **Öffentliche Telefone** Rechts **Internet-Café**

Geld & Kommunikation

1 Geldwechsel
Die besten Kurse und niedrigsten Gebühren fürs Einwechseln von Bargeld und Reiseschecks bieten die Banken. Wer eine Karte von American Express besitzt, kann auch in einem Amex-Büro wechseln. Wechselstuben *(cambio)* haben länger geöffnet, sind jedoch teurer. Läden und Hotels bieten in der Regel schlechte Kurse für Reiseschecks.

2 Geldautomaten
Am schnellsten, einfachsten und sichersten erhält man Bargeld an den Geldautomaten *(bancomat)*, über die man direkt vom heimischen Girokonto abhebt.

3 Kreditkarten
MasterCard und Visa werden eigentlich überall akzeptiert, mit Ausnahme in kleinen Läden, Gaststätten und Hotels. Weit verbreitet ist auch American Express. An den Geldautomaten kann man zudem mit Kreditkarten Bargeld abheben. Anders als beim Einkauf werden in diesem Fall jedoch mögliche Zinsen und Gebühren sofort angerechnet.

4 Reiseschecks
Reiseschecks sind auf jeden Fall sicherer als Bargeld, aber durch die Einführung von Geldautomaten mittlerweile weniger üblich. Als letzte Reserve für Notfälle sind sie jedoch immer noch gut

geeignet. Persönliche Schecks sind nur für Besitzer von Amex-Karten sinnvoll, die diese in den Büros von American Express einlösen können.

5 Währung
In Italien hat – wie auch in Deutschland, Österreich und weiteren neun Ländern – im Jahr 2002 der Euro (€) Einzug gehalten. Lire gibt es nicht mehr. Euro-Münzen gibt es in acht (1 €, 2 € sowie 1, 2, 5, 10, 20 und 50 Cent), Banknoten in sieben Werten (5 €, 10 €, 20 €, 50 €, 100 €, 200 € und 500 €).

6 Öffentliche Telefone
Öffentliche Telefone funktionieren meist nur mit vorbezahlten Telefonkarten *(scheda telefonica)*. Sie sind in mehreren Werten in Tabakläden *(tabacchi)* und an Zeitungskiosken erhältlich. Vor ihrer Verwendung muss man eine gekennzeichnete Ecke abbrechen. Mit einer *carta telefonica internazionale* erhält man für internationale Telefonate eine Nummer und einen Code.

7 Telefonieren
Anrufe nimmt man am günstigsten im Hotel entgegen, für Fern- oder Auslandsgespräche sollte man Telefonkarten oder internationale Telefone in großen Postämtern nutzen. Für R-Gespräche ruft man mit 170 die Vermitt-

lung an. Telefonate von Hotelapparaten sind maßlos überteuert. Um von Italien im Ausland anzurufen, wählen Sie erst die Ländervorwahl (0049 für Deutschland, 0043 für Österreich, 0041 für die Schweiz), dann die gewünschte Nummer ohne die 0 für die Ortsvorwahl.

8 Internet
Internet-Cafés schießen wie Pilze aus dem Boden, verschwinden aber oft auch wieder schnell (Adressen erfährt man in den Fremdenverkehrsbüros). Internet-Zugang bieten zudem immer mehr Hotels.

9 Post verschicken
Briefmarken *(francobolli)* sind in Tabakläden *(tabacchi)* oder an Zeitungsständen erhältlich. Werfen Sie Briefe und Karten beim meist roten Briefkasten im Fach *per tutte le altre destinazioni* ein (nicht *per la città*).

10 Post erhalten
Post mit der Adresse »[Empfängername] / Fermo Posta / [Zielort], Italia/ ITALY« wird ans jeweilige Postamt geschickt, besser schreibt man noch die Postleitzahl dazu. Gegen eine kleine Gebühr kann sie abgeholt werden. American-Express-Kunden erhalten gebührenfrei Post, die an »[Empfängername] / Client Mail / American Express / Via Brera 3 / 20121 Milano, Italia/ITALY« adressiert ist.

Links **Einkaufsstraße** Mitte **Chianti-Flaschen** Rechts **Kunsthandwerk aus Keramik**

TOP 10 Einkaufstipps

1 Öffnungszeiten
Läden öffnen gegen 8 Uhr, schließen zwischen 19 und 20 Uhr und haben lange Mittagspausen *(siehe S. 134)*.

2 Feilschen
Handeln ist nur auf Märkten üblich. Viele Stände gehören Händlern aus dem Nahen Osten, wo das Handeln eine anerkannte Kunst ist. Spielen Sie also nach allen Regeln der Kunst mit, zeigen Sie sich im Lauf der Verhandlungen immer desinteressierter, während Ihr Gegenüber sich zutiefst beleidigt gibt.

3 Mehrwertsteuer
Italiens Mehrwertsteuer (IVA) ist stets im Preis inbegriffen. Reisende aus Ländern außerhalb der EU bekommen diese Steuer rückerstattet, wenn sie in einem Laden mehr als 155 € ausgeben. Bitten Sie im Laden um Hilfe beim Ausfüllen der Formulare, die Sie zusammen mit den Quittungen an der Grenze oder im Flughafen im Zollbüro abgeben, damit das Geld überwiesen werden kann (was Monate dauern kann). Läden mit dem Schild *Tax Free Shopping for Tourists* beschleunigen diesen Prozess, indem sie Kunden einen Scheck ausstellen, der vom Zoll abgestempelt werden muss und anschließend am Schalter *Tax Free Shopping* eingelöst werden kann.

4 Zoll
Für die Ein- und Ausfuhr von Tabak und Spirituosen gelten die in der EU üblichen Beschränkungen *(siehe S. 134)*. Reisende aus Ländern außerhalb der EU dürfen weder Blumen noch Blumenzwiebeln, Früchte, Gemüse, Fleisch (außer in Konserven) und Weichkäse ausführen.

5 Mode
Mailand zählt zu den Welthauptstädten der Mode, und die Liste der hiesigen Top-Designer erscheint schier endlos. Hier finden sich die ganz Großen unter den Großen, etwa Prada, Armani, Versace, Mila Schön, Krizia, Missoni und Ferré. Im März und Oktober zeigen Supermodels auf den Laufstegen der MODIT-Shows die Trends der nächsten Saison. Alta Moda kostet zwar in Mailand nicht weniger als anderswo, ein Einkaufsbummel hat in dieser Stadt jedoch immer einen ganz besonderen Reiz.

6 Designerstücke
Italien ist führend im Industriedesign, das bei Ferraris ebenso Anwendung findet wie bei Alessi-Wasserkesseln. Wenn der Ferrari das Budget sprengt, kann man sich auf schöne Haushaltswaren kaprizieren.

7 Schnäppchen
Für (Kunst-)Handwerk wie Keramik, Holzschnit-

zereien oder sogar Lederschuhe empfiehlt sich ein Besuch der Werkstätten, wo man »an der Quelle« einkauft. Ansonsten gelten die drei »S«: *sconti* (reduzierte Ware), *saldi* (Schlussverkauf) und *spacci* (Lagerverkauf).

8 Souvenirs verschicken
Viele Geschäfte bieten an, dass sie gekaufte Ware günstig in die ganze Welt verschicken – eine angenehme Alternative zu sperrigem Gepäck. Man kann aber auch gegen Ende der Reise die schmutzige Wäsche und sonstiges überflüssiges Gepäck heimschicken und so Platz für Andenken schaffen.

9 Wein
Zu den besten italienischen Souvenirs zählt selbstverständlich ein guter Tropfen aus einem der bekannten Anbaugebiete. Am besten kauft man ihn in Kisten in einem der zahlreichen kleinen Weingüter.

10 Kunsthandwerk
Italien ist in der ganzen Welt bekannt für seine exzellenten, handbemalten Keramikerzeugnisse. Solche Souvenirs sind praktisch und zugleich sehr schön. Schmuckliebhaber werden in Mailand bei Größen wie Bulgari, aber auch in den kleinen Läden der zahlreichen Goldschmiede fündig.

Weitere Einkaufstipps siehe S. 56–59

137

Links **Notarzt** Mitte **Apothekenschild** Rechts **Tram**

TOP 10 Sicherheit & Gesundheit

1 Notfälle
Bei allen Notfällen ist 113 die richtige Nummer – spezielle Nummern sind im Kasten aufgeführt. Die verzeichnete Pannenhilfe ist ein kostenpflichtiger Abschleppdienst.

2 Sicherheit
Italien ist ein sicheres Land mit geringer Gewaltkriminalität. Nur der italienische Fahrstil erfordert erhöhte Aufmerksamkeit. Eine andere Gefahr stellen Taschendiebe dar *(siehe unten)*. Besonders junge ausländische Frauen können belästigt werden, zu naiv sollte frau diesbezüglich nicht sein.

3 Taschendiebe
Taschendiebe arbeiten im Gedränge von Bussen, Straßenbahnen und der U-Bahn, an Bahnhöfen und überall dort, wo sich Touristen scharen. Verstauen Sie Wertsachen sicher und schwer zugänglich. Seien Sie vorsichtig, wenn Sie in Menschenmengen jemand versucht abzulenken, anrempelt oder sonstige übliche Tricks versucht.

4 Bettler
Wie in allen europäischen Städten zeigt sich auch in Mailand die soziale Schattenseite der Welt der Schönen, Reichen und Erfolgreichen. Um ihren Lebensunterhalt betteln hier apathische Menschen, die vor Blechbüchsen sitzen und auf Almosen warten, aber auch fordernd auftretende Obdachlose.

5 Kleine Betrügereien
Wer unaufmerksam erscheint, wird möglicherweise betrogen. So stellt vielleicht der Taxifahrer auf dem Taxameter den Tarif für Fern- statt für Stadtfahrten ein, ein Restaurant führt auf der Rechnung nicht bestellte Posten an oder versucht, Ihre Kreditkarte doppelt zu belasten. Seien Sie stets achtsam, dann passiert auch nichts.

6 Polizei
In Italien unterscheidet man zwischen der regulären *polizia* und den militärisch geführten *carabinieri*. Die Polizeiwache heißt *questura*.

7 Gesundheit & Versicherung
Sollten Sie unterwegs krank werden, kann die Region mit modernsten Gesundheitseinrichtungen aufwarten. Mit dem Auslandskrankenschein E111 haben Sie in Italien Anspruch auf kostenlose Behandlung und medizinische Versorgung. Sie können auch eine private Reisekrankenversicherung abschließen.

8 Krankenhäuser
Italienische Krankenhäuser *(ospedale)* sind effizient und halb privatisiert. Die Notaufnahme heißt *pronto soccorso*. Wenn Sie ambulant behandelt werden können, geschieht dies normalerweise unkompliziert und ohne viel Papierkram. Nur ein stationärer Aufenthalt erfordert Formalitäten.

9 Apotheken
Italienische *farmacie* sind in der Regel gut ausgestattet. Apotheker helfen gern und professionell bei kleineren Problemen. Welche Apotheke nachts und an Feiertagen Notdienst hat, ist in den Fenstern zu sehen. Die Apotheke in Mailands Stazione Centrale hat rund um die Uhr geöffnet.

10 Lebensmittel & Wasser
Leitungswasser hat Trinkwasserqualität, außer in Zügen und überall dort, wo ein Schild »Aqua non potabile« vor dem Trinken warnt. Italienische Lebensmittel sind hervorragend, man muss nur die übliche Vorsicht walten lassen.

Auf einen Blick

Wichtige Notrufnummern
- *Allgemein 113*
- *Notarzt 118*
- *Feuerwehr 115*
- *Pannenhilfe 116*

Polizei
- *Polizia 113*
- *Carabinieri 112*

24-Stunden-Apotheke
Stazione Centrale, Mailand
- *02-669-0935*

Links **Hôtel des Iles Borromées, Lago Maggiore** Mitte **Sonderangebote** Rechts **Verkehr in Mailand**

TOP 10 Vorsicht!

1 Mailand im August

Im August ist Mailand oft wie ein Backofen. Fast die ganze Stadt flüchtet in den Urlaub, auch Apotheken und Läden schließen. Nur in Navigli halten Restaurants und Bars die Stellung – aber Vorsicht: Keinesfalls das Insektenschutzmittel vergessen!

2 Die Seen im Winter

Die meisten Hotels sind ab Oktober oder November bis Februar geschlossen, viele öffnen erst wieder um Ostern. Nur am Lago Maggiore dauert die Saison länger, dort schließen viele Gasthäuser und Restaurants nur im Dezember oder Januar.

3 Zimmerreservierung in Mailand während Messen

Die Tourismussaison entspricht nicht der Mailänder Hochsaison der Geschäftsleute. Kritische Monate sind März, April und Oktober, wenn die großen Messen und Modeshows stattfinden und selbst einfachste Ein-Sterne-Hotels ausgebucht sind. Doch auch in anderen Monaten empfiehlt es sich, Hotelzimmer zu reservieren.

4 Vollpension

Die Hotels an den Seen sind v.a. auf Gäste eingestellt, die mindestens eine Woche bleiben und sich selten von ihrem angestammten Sonnenplätzchen am See wegbewegen. Sie bieten deshalb Pauschalangebote mit Voll- oder Halbpension an, oft für zumindest drei Übernachtungen. Versuchen Sie, freiere Konditionen auszuhandeln.

5 Auto fahren in Mailand

Ein Auto ist in Mailand schlicht lästig, denn hier gibt es zahlreiche Fußgängerzonen, wenige und teure Parkplätze sowie einen höllischen Verkehr und den gewöhnungsbedürftigen Fahrstil der Mailänder. Einen Wagen sollte man nur für Fahrten an die Seen mieten.

6 Kartenreservierung für Leonardos *Abendmahl*

Ohne – mindestens zwei Tage im Voraus! – reservierte Karten ist es fast unmöglich, Leonardos *Abendmahl (siehe S. 8f)* zu bewundern.

7 Sehenswürdigkeiten im Akkord

Mailands zahlreiche Attraktionen mögen einen strengen Zeitplan erfordern, doch an den Seen sollten Sie die Seele baumeln lassen und sich genüsslich dem *dolce far niente*, dem »süßen Nichtstun«, hingeben.

8 Boutiquenpreise

Ein Schaufensterbummel in Mailands Modeviertel Quadrilatero d'Oro mit seinen berühmten Boutiquen macht Spaß, die angebotene Mode kann sich jedoch kaum einer leisten. Aber in der Stadt der Alta Moda werden auch Nicht-Millionäre fündig: Halten Sie Ausschau nach den zahlreichen, *spacci* genannten Lagerverkäufen, die Mode vom Vorjahr, B-Ware und ungebräuchliche Größen um 30 bis 50 Prozent reduziert anbieten *(siehe S. 137)*. Bisweilen ergattert man hier »gebrauchte« Kleider, die nur einmal bei einer Modenschau vorgeführt wurden.

9 Bauchtaschen

Bauchtaschen sind zwar praktisch für gepäckbeladene Reisende, aber in Sachen Sicherheit schlicht blanker Unsinn, da man in ihnen die wichtigsten Papiere und Wertgegenstände in einladender Höhe für Langfinger bereithält.

10 Gardaland ohne Kinder

Gardaland ist sicherlich Italiens bester Unterhaltungspark und verdient bestimmt, als eine Top-Attraktion für Kinder empfohlen zu werden *(siehe S. 63, 117)*. Aber: Italien ist nicht unbedingt als das Mekka der Vergnügungsparks bekannt. Wer also im Urlaub keine gelangweilt-nörgelnden Kinder im Schlepptau hat und an Achterbahnen und all dem herrlichen Kitsch nicht übermäßig interessiert ist, sollte lieber Wein trinken gehen.

Mehr über Leonardo da Vinci und das Abendmahl **siehe S. 8f, 48**   139

Links **Erfrischung im Café** Rechts **Senioren unterwegs**

Nötiges & Nützliches

1 Tipps für Studenten

In Mailand leben viele Studenten. Typische Studentenkneipen sind die Bars in den Navigli, die Klubs in Ticinese nördlich der Navigli und die Bars im Brera-Viertel. Für reduzierte Eintrittspreise zu den Sehenswürdigkeiten fragt man an der Kasse nach Karten für *studente*.

2 Studentenausweis

In der Regel wird man nur mit einem internationalen Studentenausweis ISIC (International Student Identity Card) als Student anerkannt.

3 Senioren- ermäßigung

Fragen Sie bei Sehenswürdigkeiten und öffentlichen Verkehrsmitteln nach Preisnachlässen für *anziani* (»Senioren«).

4 Informationen für Senioren

Reiseveranstalter bieten häufig spezielle, auch betreute Seniorenreisen an. Informationen, Tipps und persönliche Erfahrungsberichte erhält man oft bei den heimatlichen Seniorenverbänden. Wer außerhalb der Saison fährt, spart zudem Geld.

5 Allein reisende Frauen

Bis zu einem gewissen Alter geben sich italienische Männer auch schon mal Mühe, das Klischee des »Latin Lover« zu bedienen – dabei können sie durchaus lästig werden. Am besten, Sie ersticken jedes unerwünschte »Anbandeln« sofort im Keim.

6 Frauennetzwerk

Speziell für Frauen tätigt der Benvenuto-Klub soziale Aktivitäten; ein Karrierenetzwerk für Frauen ist dagegen die PWA (Professional Women's Association).

7 Behinderte Reisende

Bei älteren Gebäuden erschwert bisweilen der Denkmalschutz den behindertengerechten Umbau. Die meisten Museen sind jedoch auch für Rollstuhlfahrer zugänglich, und viele Hotels (besonders Häuser mit vier und fünf Sternen) verfügen über rollstuhlgeeignete Zimmer. Auch die meisten U-Bahn-Stationen haben für Rollstuhlfahrer keine Hindernisse, ganz im Gegensatz zu vielen Restauranttoiletten.

8 Tipps für behinderte Reisende

Nützliche Informationen für behinderte Reisende erteilt in Deutschland der Bundesverband Selbsthilfe Körperbehinderter e.V.

9 Schwule und lesbische Reisende

Homosexualität ist in einer Weltstadt wie Mailand weitgehend akzeptiert, immerhin fand hier das World Pride Festival 2000 statt.

10 Informationen für schwule und lesbische Reisende

Italiens Schwulenverband (merkwürdigerweise ein Unterverband der kommunistischen Jugendorganisation) heißt ARCI-Gay; Lesben sind im ARCI-Lesbica organisiert. Bücher und Reiseführer von Ferrari, Spartacus und Frommer für Homosexuelle führt Mailands schwuler Buchladen Libreria Babele.

Auf einen Blick

Studenten
• Internationaler Studentenausweis (ISIC)
www.isiccard.com

Frauen
• www.pwa-milan.org

Behinderte Reisende
• Bundesverband Selbsthilfe Körperbehinderter e.V.,
Postfach 20,
D-74236 Krautheim.
0 62 94/6 81 10,
www.bsk-ev.de

Schwule/Lesben
• ARCI-Gay,
02-5412-2225
www.arcigaymilano.org
• ARCI-Lesbica
02-2901-4027
www.women.it/arciles
• Libreria Babele,
Via S. Nicolao 10
• www.gay.it und
• www.geocities.com/arcobalenoMI.

Links **Bei einer Führung** Rechts **In der Bahnhofshalle**

⅒ Tipps für Familien

1 Picknicken

Picknicks sparen Geld und machen Spaß. Kinder können sich die Leckereien aussuchen, die sie probieren möchten, und müssen nicht wie im Restaurant gute Manieren zeigen (obwohl man bei Kindern in italienischen Lokalen stets beide Augen zudrückt). Außerdem spart man im Vergleich zu einem Menü in der Gaststätte die Zeit, die man bei Reisen mit dem Nachwuchs immer mehr einkalkulieren muss.

2 Halbe Portionen bestellen

Wer nicht so großen Hunger verspürt, kann mit einer *mezza porzione* 30 bis 50 Prozent der Kosten sparen. Halbe Portionen eignen sich für Kinder, aber auch für Erwachsene, die die italienische Küche in ihrer ganzen Bandbreite genießen, aber nicht als Tonne enden möchten.

3 Gemeinsame Zimmer

Mieten Sie für die ganze Familie wenn möglich nur ein Zimmer. Der Zuschlag für Extrabetten in einem Doppelzimmer liegt bei höchstens 35 Prozent, Kinder- und Babybetten kosten sogar weniger. Wer in der Enge jedoch um den familiären Frieden fürchtet, sollte sich im Hotel nach etwas größeren Familiensuiten oder -zimmern erkundigen.

4 Tagesausflüge

Mieten Sie sich länger in einem Hotel oder einer Wohnung ein und unternehmen Tagesausflüge. Das ist für die Kinder weniger anstrengend und zudem weniger zeitraubend, als täglich eine neue Unterkunft anzusteuern. Auch kosten Zimmer ab drei Tagen Aufenthalt meist weniger.

5 Ermäßigungen

Ridotto ist das Zauberwort für ermäßigte Eintrittskarten für Studenten oder Jugendliche unter 18 Jahre. Preisnachlässe für Familien bietet das *biglietto famiglia*. Freien Eintritt gibt es je nach Sehenswürdigkeit für Kinder unter 6, 12 oder 18 Jahren (EU-Bürger).

6 Verbilligte Zugfahrkarten

Mit der Carta Verde sparen Personen unter 27 Jahren 20 Prozent bei jeder Zugfahrt.

7 Auto mieten

Ein gemieteter Mittelklassewagen ist preisgünstiger als Zugfahrten für vier oder sogar nur drei Personen. Darüber hinaus ist man zeitlich ungebunden und erreicht auch abgelegene Ziele (siehe S. 133).

8 Eis essen

Nehmen Sie sich nicht zu viel vor! Lassen Sie lieber ein paar Museen und »langweilige alte Gärten« aus und genießen dafür entspannt die unzähligen köstlichen italienischen Eissorten.

9 Riposo!

Sightseeing ist anstrengend. Nehmen Sie sich deshalb an den Italienern ein Beispiel: Ruhen Sie nach dem Mittagessen (riposo) und lassen Sie die Sehenswürdigkeiten etwas warten.

10 Italiens Familienkultur genießen

In Italien gehen auch große Familien, von den Enkeln bis zu den Großeltern, zusammen auf Reisen. Genießen Sie, als Familie mit Kindern willkommen (riposo) zu sein.

Eiskalte Köstlichkeiten in der Gelateria

Attraktionen für Kinder siehe S. 62f

Links **Formell gedeckt fürs Abendessen** Mitte **Kellner** Rechts **Gerichte an der *tavola calda***

🔟 Essen gehen

1 Lokalarten

Ein *ristorante* ist ein gehobenes Restaurant, eine *trattoria* ein preisgünstigerer Familienbetrieb. *Osteria* heißen einfache *trattorie* oder Lokale, in denen etwa Wurst und Käse serviert wird.

2 Italienische Mahlzeiten

Besonders das Abendessen kann eine zwei- bis vierstündige Zeremonie mit mehreren Gängen sein. Den Abschluss bilden Espresso und Digestif *(digestivo)*, etwa ein Grappa. Früher war das Mittagessen die wichtigste Mahlzeit, dies ist in der modernen Arbeitswelt meist nicht mehr möglich. Ein traditionelles Frühstück besteht aus Espresso oder Cappuccino und einem süßen *brioche* oder *cornetto*.

3 Antipasto

Die Vorspeise. Klassische Vorspeisen sind *bruschetta* (geröstete Brotscheiben mit Knoblauch, Olivenöl, Salz und manchmal Tomaten), Schinken *(prosciutto)*, Salami, *bresaola* (dünne getrocknete Rindfleischscheiben) und Carpaccio. Beliebt sind auch *nervetti* oder *gnervetti* (kalter Kalbfleischsalat) und *insalàta caprese* (Tomaten mit Mozzarella).

4 Primo

Der erste Gang. Hierzu reicht man Risotto (aus Arborio-Rundkornreis) mit Gemüse, Wurststückchen *(alla mantovana)* oder Meeresfrüchten. Üblich sind auch Pastagerichte wie etwa *tortelli di zucca* (Teigtaschen mit Kürbisfüllung), *strangolapreti* (Ricotta-Spinat-Bällchen), *agnolotti* (kleine Ravioli mit Fleischfüllung) und *pizzoccheri* (Buchweizenpasta mit Käse, Kartoffeln und Zwiebeln). Bekannte Suppen sind die Gemüsesuppe Minestrone, die *zuppa pavese* (Brühe mit Brot und Ei) und die *casoeùla* (siehe S. 66).

5 Secondo

Der Hauptgang. Zu den verspeisten Fleischsorten gehören *bistecca* oder *manzo* (Rind), *vitello* (Kalb), *agnello/abbacchio* (Lamm/Schaf), *pollo* (Huhn), *maiale* (Schwein), *cinghiale* (Wildschwein), *coniglio* (Kaninchen) und *anatra* (Ente). Eine *cotoletta* ist ein (Kalbs-)Kotelett, *braciola* ein (Schweine-)Kotelett oder Schnitzel. Fleisch wird in der Regel gegrillt oder gebraten und gern als *grigliata mista*, gemischte Grillplatte, serviert (Fisch siehe S. 67).

6 Dolce

Die Nachspeise. Beliebt sind Mandelkekse, die man in Dessertwein tunkt, Zitronensorbet *(sorbetto)*, selbstverständlich *gelato* (Eis), Eiercremes oder köstliches Tiramisú. Erfrischend-lecker ist ein gekühlter Obstsalat namens *macedonia*.

7 Wasser & Wein

Zu einer italienischen Mahlzeit gehört roter *(rosso)* oder weißer *(bianco)* Wein *(vino)*. Hauswein *(vino della casa)* ist meist gut und wird in Karaffen zu einem Liter *(un litro)* oder einem halben Liter *(mezzo litro)* serviert, gehobener Wein in Flaschen. Zum Wein trinkt man immer viel Wasser, sei es mit Kohlensäure *(gassata, frizzante)* oder still *(non-gassata)*.

8 Gedeck & Trinkgeld

Unvermeidlich: *pane e coperto* (Brot und Gedeck) für 1–4 € pro Person. Steht auf der Karte *servizio incluso*, ist die Bedienung im Preis inbegriffen. Dennoch rundet man den Rechnungsbetrag auf oder gibt 10–15 Prozent Trinkgeld.

9 Etikette

Sakko und Krawatte sind selten erforderlich. Die Kellner sind in der Regel nicht langsam, sondern erwarten, dass man seine Mahlzeit genießt, und wollen nicht hetzen.

🔟 Bars & tavole calde

Die meisten Bars bieten Sandwiches, Gebäck, Cappuccino und *cornetto* (morgens), Espresso (immer), Aperitif (abends). *Tavola calda* ist eine Bar, in der vorbereitete Gerichte in einer Vitrine am Tresen warm gehalten und serviert werden.

 Lombardische Spezialitäten **siehe S. 66f**

Links **Hotelzimmer** Mitte **Campingplatz** Rechts **Jugendherberge in Menaggio**

Unterkünfte

1 Hotels
Die Hotelkategorien reichen von einem Stern (einfach) bis fünf Sterne (Luxus). Die Einteilung basiert eher auf »harten Fakten« wie Ausstattung als auf subjektiven Vorlieben wie Charme, historischer Bedeutung oder zentraler Lage. Ab drei Sterne bieten alle Hotels Zimmer mit Bad, TV und Telefon.

2 Agriturismi (Ferien auf dem Bauernhof)
Günstige Zimmer mit ländlichem Charme vermieten Bauernhöfe, in der Regel sind dies Weinbauern. Die Bandbreite reicht von luxuriös bis sehr rustikal. Ferien auf dem Bauernhof vermitteln Agriturist, Terra Nostra und Turismo Verde.

3 Ferienhäuser
In Zeitungen und im Internet finden sich Angebote für Ferienhäuser und -wohnungen in der Region. Die Palette reicht von kleinen Apartments bis zu Luxusvillen.

4 Ferienhäuser auswählen
Prüfen Sie den Grundriss, buchen Sie nicht, ohne zuvor Bilder vom dem Objekt gesehen zu haben (Außen- und Innenansicht, Grundstück).

5 Privatzimmer
Die Tourismusbüros händigen Listen mit den unschlagbar preiswerten Unterkünften aus. Die Palette der Privatzimmer reicht von schönen Räumen mit separatem Eingang zu winzigen Schlafzimmern in modernen Wohnungen. Auf diese Weise erhält man unterhaltsame Einblicke in das italienische Alltagsleben.

6 Camping & Wohnwagen
Campingplätze (campeggi) sind nicht sehr viel günstiger als preiswerte Hotels. Man zahlt pro Person, Auto und Platz (siehe S. 149).

7 Jugendherbergen
In allen größeren Städten gibt es – meist am Stadtrand – die typischen, günstigen Jugendherbergen mit Schlafsaal und Zapfenstreich um Mitternacht.

8 Reservierung
Besonders für die erste Nacht einer Reise und wenn man ein Auge auf ein bestimmtes Hotel geworfen hat, ist eine Reservierung sinnvoll. Wer jedoch nicht zu wählerisch ist, wird außer in absoluten Spitzenzeiten auch ohne Reservierung eine Unterkunft finden.

9 Buchungsservice
Gegen eine kleine Gebühr sind Ihnen die meisten Fremdenverkehrsbüros und privaten Hotelverbände bei der Suche nach einem Zimmer behilflich. Die Büros finden sich in der Regel an Bahnhöfen und Flughäfen. Die zahllosen Buchungsdienste im Internet bieten ein aktuelles Angebot in ihren Datenbanken.

10 Das wirkt sich auf den Preis aus
Zimmer ohne eigenes Bad, ohne Aussicht oder für einen Aufenthalt über drei Tage sind häufig günstiger. Ein weiteres Bett im Zimmer kostet in der Regel 30–35 Prozent mehr. Oft sind Frühstück und Parkplatz nicht inklusive und Getränke aus der Minibar sowie Telefonate vom Zimmertelefon horrend teuer.

Auf einen Blick

Agriturismi
- www.agriturist.it
- www.terranostra.it
- www.turismoverde.it

Ferienhäuser
- www.ferienhauser.net
- www.fe-wo-direkt.de
- www.itacasa.de
- www.rescasa.it
- www.planetresidence.it
- www.holiday-home.com
- www.international chapters.com
- www.cottages-castles.com
- www.insidersitaly.com
- www.villasintl.com

Jugendherbergen
- www.hiayh.org
- www.hostels.com

Mehr zu Ferienwohnungen und -häusern siehe S. 149

Links **Grand Hotel et de Milan** Rechts **Principe di Savoia**

TOP 10 Mailands Luxushotels

1 Four Seasons

Das Spitzenhotel entstand 1993 aus einem umgebauten Kloster aus dem 15. Jahrhundert. Die »Deluxe«-Zimmer liegen am Kreuzgang. In der Nähe residieren Mailands beste Läden, und das Restaurant Il Teatro im Untergeschoss zählt zu den besten im Viertel *(siehe S. 68)*. ✆ *Via Gesù 8 • Karte N2 • 02-77-088 • www.fourseasons.com/ milan • €€€€€*

2 Grand Hotel et de Milan

Das Grand, seit 1863 das gemütlichste Luxushotel der Stadt, ist bei eingefleischten Einkaufsbummlern und Scala-Stars (wie etwa der göttlichen Callas) beliebt. Der Komponist Giuseppe Verdi wohnte hier 30 Jahre lang. ✆ *Via Manzoni 29 • Karte M3 • 02-723-141 • www. grandhoteletdemilan.it • €€€€€*

3 Grand Hotel Duomo

Die Popularität des Fünf-Sterne-Hotels gründet auf erstklassiger Ausstattung, neuer Suiten mit Film- und Kunstthemen sowie auf den Beatles, die das Grand ihr »Mailänder Heim« nannten. Hauptattraktion sind aber die Suiten und Zimmer mit Blick auf die Spitzen des benachbarten Duomo. ✆ *Piazza del Duomo • Karte M4 • 02-8833 • www. grandhotelduomo.com • €€€€€*

4 Hotel de la Ville

Das Hotel in der Nähe des Duomo ist wie andere Spitzenhotels ausgestattet, aber 20–40 Prozent günstiger als die Konkurrenz. Seidenstoffe und Antiquitäten im Stil des 18. Jahrhunderts zieren die Zimmer. ✆ *Via Hoepli 6 • Karte M3 • 02-867-651 • €€€€€*

5 Principe di Savoia

Das eleganteste Mailänder Top-Hotel wurde 1927 im lombardischen Baustil des 19. Jahrhunderts errichtet. Der 2000 erbaute Principe Tower ist perfekt für Geschäftsreisende, die moderne Bürotechnik und ein klassisches Ambiente schätzen. ✆ *Piazza della Repubblica 17 • Karte N1 • 02-62-301 • €€€€€*

6 Spadari al Duomo

Das von Urbano Pierini entworfene Juwel bei der Piazza Duomo bietet Originale zeitgenössischer Künstler und elegante Zimmer mit Marmorwaschbecken und Duschkabinen mit Hydromassage. Am Wochenende sind die Zimmerpreise um 20 Prozent niedriger. ✆ *Via Spadari 11 • Karte L4 • 02-7200-2371 • www. spadarihotel.com • €€€€*

7 Antica Locanda dei Mercanti

Die häuslich-gemütliche Antica Locanda zwischen Duomo und Castello ist wunderbar ausgestattet. In den ruhigen Zimmern (auch mit offenen Balken) passen alle Wohntextilien zusammen, die teureren *Terrazzo*-Zimmer bieten Terrassen und Himmelbetten. ✆ *Via San Tomaso 6 • Karte L3 • 02-805-4080 • www.locanda.it • €€€*

8 Diana Majestic

Die Zimmer in dem Jugendstilhotel in einem üppigen Garten sind von moderner Eleganz und exzellent ausgestattet (z. B. mit Bose-Lautsprechern). ✆ *Viale Piave 42 • Karte P2 • 02-20-581 • www.westin.com • €€€€€*

9 Ariosto Hotel

Luxuriöses Ambiente und erstklassiger Service zu erschwinglichen Preisen. Die mit hübschen Holzmöbeln eingerichteten Gästezimmer liegen zum Privatgarten oder zur Straße mit den Jugendstilwohnhäusern. Zur Ausstattung zählen Internet-Anschluss und Videorekorder. Gäste können kostenlos Fahrräder ausleihen. ✆ *Via Ariosto 22 • 02-481-7844 • www. hotelariosto.com • €€€*

10 Carlton Hotel Baglioni

Das Hotel von 1962 im Norden des Einkaufsviertels bietet (in Italien unübliche) Nichtraucherzimmer, Möbel im Stil des 19. Jahrhunderts – mit Seidenbrokat – und Business-Zentrum. ✆ *Via Senato 5 • Karte N2 • 02-77-077 • www.baglionihotels.com • €€€€€*

Hinweis: *Wenn nicht anders angegeben, akzeptieren alle Hotels Kreditkarten und bieten Zimmer mit Bad und Klimaanlage.*

Preiskategorien

Preis für ein Doppel-
zimmer pro Nacht
mit Frühstück (falls
inklusive), Steuern
und Service.

€	unter 110 €
€€	110–160 €
€€€	160–210 €
€€€€	210–270 €
€€€€€	über 270 €

Excelsior Hotel Gallia

🔟 Mailands beste Business-Hotels

1 Excelsior Hotel Gallia
Der Klassiker von 1937 verbindet auf beste Weise wunderbaren Jugendstil mit umfassendem und modernem Komfort. Die Bäder der eleganten Zimmer sind marmorverkleidet, die Telefonbuchsen bieten Modem-Anschluss. In den zehn exzellent ausgestatteten Konferenzräumen kann man sogar die Dienste von Simultandolmetschern in Anspruch nehmen. Außerdem: Die Einzelbetten sind extrabreit! Ⓝ *Piazzale Duca d'Aosta 9* • *02-67-851* • *www. lemeridien-excelsiorgallia. com* • *€€€€€*

2 Westin Palace
Hier herrscht zwar Empire-Stil vor, doch die Zimmer sind mit Hightech ausgestattet, und das Business-Zentrum mit den 13 hervorragenden Konferenzräumen wartet mit Übersetzern auf. Zur Ertüchtigung bietet sich ein sehr guter Fitnessraum an. Ⓝ *Piazza della Repubblica 20* • *Karte N1* • *02-63-361* • *www. westin.com* • *€€€€€*

3 Una Hotel Century
Das Una beim Bahnhof, nördlich der Piazza della Repubblica, hat 148 moderne Apartments (Schlafzimmer und separates Wohnzimmer/Büro) für Geschäftsreisende. Ⓝ *Via F. Filzi 25B* • *02-675-041* • *www.unahotel.com* • *€€*

4 Capitol Millennium
Moderner Hotelturm, der Geschäftsreisenden neueste Bürotechnologie bietet. Die Zimmer sind mit Telefon-/Modem-Anschluss und Internet-Zugang via TV ausgestattet, die Suiten (auch für Konferenzen) mit PC, Fax und Großbildmonitor. Ⓝ *Via Cimarossa 6* • *02-438-591* • *www.capitolmillennium. com* • *€€€€*

5 Doriagrand Hotel
Das große Hotel bietet moderne, bequeme Zimmer, vier Konferenzräume und Sekretariatsdienste. Interessant ist das Angebot für Touristen: An den Wochenenden sind die Zimmer um 40 Prozent günstiger. Ⓝ *Viale Andrea Doria 22* • *800-011-291* • *www. doriagrandhotel.it* • *€€*

6 Una Hotel Cusani
Seit 2001 gehört das Radisson Bonaparte zur Hotelkette Una. Das Haus mit den geräumigen Zimmern und dem hohen Komfort liegt sehr schön gegenüber dem Castello Sforzesco. Ⓝ *Via Cusani 13* • *Karte L3* • *02-85-601* • *www.unahotel.com* • *€€€*

7 Marriott
Ganz in der Nähe der Fiera gelegen, mit hervorragend ausgestattetem Business-Zentrum, 18 Konferenzzimmern, einem Flur mit Arbeitszimmern – das Mailänder Marriott ist ganz auf Geschäftsreisende eingestellt. Leider liegt es etwas abseits von den Sehenswürdigkeiten, die Gäste nach den Konferenzen interessieren. Ⓝ *Via Washington 66* • *02-4800-8981* • *www. marriotthotels.com* • *€€€*

8 Mediolanum
Der strenge zementgraue Bau straft der Herzlichkeit des Familienbetriebs Lügen. Leider sind die Zimmer etwas klein. Zur Ausstattung zählen Konferenzräume mit Sekretariatsdiensten und ISDN. Ⓝ *Via Mauro Macchi 1* • *02-670-5312* • *www. choicehotels.com* • *€€€*

9 Grand Hotel Fieramilano
Wer zur Messe in der Stadt ist, findet kaum ein günstiger gelegenes Hotel als das Grand gegenüber der Fiera. Reich gemusterte Textilien verleihen den modernen Zimmern Behaglichkeit. Ⓝ *Viale S. Boezio 20* • *02-336-221* • *www.atahotels. com* • *€€€*

10 Hotel Executive
Die üppig-antike Einrichtung der Zimmer in dem massiven Hotelbau am nördlichen Rand des Brera-Viertels überdeckt die vielfältige Hightech-Ausstattung. Das Hotel bietet zudem ein sehr gutes Business-Zentrum und 21 Konferenzräume. Ⓝ *Viale Sturzo 45* • *800-448-8355* • *www.atahotels. com* • *€€€*

Mailands wichtigste Veranstaltungen siehe S. 52f

Links **Rovello** Mitte **Santa Marta** Rechts **Genius Hotel Downtown**

Mailands Mittelklassehotels

1 Antica Locanda Solferino

In Mailands exzentrischstem Hotel steigen mit Vorliebe Modegurus und Filmstars ab. Hier gibt es weder Minibar noch große Bäder, aber Balkone mit Blumen, gemütliche Möbel und Frühstück im Bett. ✎ *Via Castelfidardo 2 • Karte M1 • 02-657-0129 • keine Klimaanlage • €€*

2 London

Das altmodischste der drei Hotels in dem Block nahe dem Castello bietet charmanten Service, große Zimmer mit leicht abgenutzten, soliden Möbeln und 10 Prozent Ermäßigung im Restaurant nebenan. Nach oben werden die Zimmer etwas kleiner, am begehrtesten sind die im Erdgeschoss. ✎ *Via Rovello 3 • Karte L3 • 02-7202-0166 • www.traveleurope.it/hotellondon.htm • €€*

3 Rovello

Glänzendes Parkett, elegante Möbel und orthopädische Betten zieren das charaktervollste, renovierte Hotel in der Via Rovello. Geblieben sind Balkendecken, feine Ankleidezimmer und sehr große Schlafzimmer. ✎ *Via Rovello 18 • Karte L3 • 02-8646-4654 • €€€*

4 Giulio Cesare

Das am modernsten ausgestattete Hotel in der Via Rovello wartet mit neuen Bädern, ebensolchen Möbeln und eleganten hohen Fenstern auf, der Standard liegt jedoch etwas unter dem seiner Nachbarn. Das Personal ist muffig, die Dienstleistungen sind eher mager. ✎ *Via Rovello 10 • Karte L3 • 02-7200-3915 • €€*

5 Santa Marta

Das Schwesterhotel des Rovello steht in Mailands Altstadt in einer Gasse mit Kopfsteinpflaster, kleinen Läden und klassischen Mailänder Restaurants. Die komfortablen Zimmer sind unterschiedlich groß, die Lage ist exzellent für einen Besuch von Mailands Top-Sehenswürdigkeiten. ✎ *Via Santa Marta 4 • Karte L4 • 02-8645-2661 • €€€*

6 Ariston

Das Ökohotel ist ein Novum im italienischen Gastgewerbe. Die elektrischen Geräte sparen Strom, die Dusche spart Wasser, Wasser und Luft sind gereinigt, das Frühstück ist »bio«. Selbstverständlich kann man Fahrräder leihen. ✎ *Largo Carrobbio 2 • Karte K/L4 • 02-7200-0556 • www.brerahotels.com • €€€*

7 Manzoni

Das Manzoni ist nur halb so elegant wie die benachbarten Spitzenhotels, kostet aber auch nur die Hälfte. So bleibt mehr Geld für die Boutiquen, die sich hier, im Zentrum von Mailands Top-Einkaufsviertel, drängen. Die Suiten sind kaum größer als die anderen Zimmer und lohnen nicht. ✎ *Via Santo Spirito 20 • Karte N2 • 02-7600-5700 • www.hotelmanzoni.com • €€€*

8 Genius Hotel Downtown

Eine Klubhotel-Kette kaufte 2002 das moderne Hotel in einer ruhigen Straße und stattete es mit hellen, dicken Teppichen, Einbaumöbeln, orthopädischen Betten und großen Bädern neu aus. Ein ganzer Flur ist für Nichtraucher. ✎ *Via Porlezza 4 • 02-7209-4644 • keine Klimaanlage • €€€*

9 Hotel Star

Das moderne Hotel liegt in einer ruhigen Nebenstraße zwischen dem lebhaften Brera-Viertel und dem Castello. Es bietet Parkett und Orientteppiche, orthopädische Betten und leicht abgenutzte, funktionelle Möbel. Die hypermodernen Bäder sind z. T. mit Massageduschen ausgestattet. ✎ *Via dei Bossi 5 • Karte L3 • 02-801-501 • www.hotelstar.it • keine Klimaanlage • €€*

10 Gran Duca di York

Im 19. Jahrhundert wurden in dem Palazzo Kardinäle untergebracht, die den nahen Dom besuchten. Einige der heute mit hässlichen Möbeln der 1970 Jahre eingerichteten Zimmer haben eine Terrasse. Die Lage ist großartig. ✎ *Via Montea 1a • Karte L4 • 02-874-863 • €€*

Hinweis: Wenn nicht anders angegeben, akzeptieren alle Hotels Kreditkarten und bieten Zimmer mit Bad und Klimaanlage.

Preiskategorien

Preis für ein Doppelzimmer pro Nacht mit Frühstück (falls inklusive), Steuern und Service.	€ unter 110 €
	€€ 110–160 €
	€€€ 160–210 €
	€€€€ 210–270 €
	€€€€€ über 270 €

Links **Speronari** Rechts **Ullrich**

🔟 Mailands preiswerte Hotels

1 Speronari
Ein-Stern-Preise, Zwei-Sterne-Komfort (nur die Hälfte der Zimmer ist mit Bad und TV ausgestattet) und eine Vier-Sterne-Lage an einer Fußgängerzone in nächster Nähe der Piazza del Duomo. Die Zimmer in den oberen Etagen sind heller, die zum Hof leiser. 🕲 *Via Speronari 4 • Karte M4 • 02-8646-1125 • €*

2 Promessi Sposi
Das nach Manzonis Romanklassiker *(siehe S. 50)* benannte Hotel steht an einem Platz am Ende einer Einkaufsstraße in Nord-Mailand. Es zählt zwar zu den teureren unter den günstigen Häusern, bietet aber wohl das beste Preis-Leistungs-Verhältnis aller Mailänder Hotels. Die großen Zimmer sind mit leichten Rattanmöbeln ausgestattet. 🕲 *Piazza Oberdan 12 • Karte P1 • 02-2951-3661 • www.hotelpromessisposi.com • €€*

3 Gritti
Der ältere Besitzer des modernen, freundlichen Drei-Sterne-Hotels an einer ruhigen Piazza hält alles gut in Schuss. Das Haus überzeugt durch Lage und Ausstattung (Minibar, TV). 🕲 *Piazza S. Maria Beltrade 4 • 02-801-056 • www.hotelgritti.com • €€*

4 Paganini
In dem kleinen Hotel in einer Wohnstraße beim Corso Buenos Aires fühlt man sich wie auf Besuch bei Freunden. Nur eines der gemütlich möblierten, großen, hohen Zimmer hat ein Bad. 🕲 *Via Paganini 6 • 02-204-7443 • €*

5 Ullrich
Vielleicht fehlen dem Ullrich Charakter und Klasse, dafür ist der Preis unschlagbar und die Lage etwas südlich des Duomo hervorragend. Nur eines der sieben einfachen Gästezimmer hat ein Bad, die Gemeinschaftseinrichtungen sind jedoch groß, neu und sauber. 🕲 *Corso Italia 6 • Karte L5 • 02-8645-0156 • €*

6 Kennedy
Unter der vielen spartanischen *pensioni* in dem Viertel zwischen Park und Corso Buenos Aires überzeugt das Kennedy durch Sauberkeit und Freundlichkeit. Zudem bieten einige der Zimmer im fünften Stock Aussicht über die Dächer bis zu den Spitzen des Duomo, und ein Espresso und ein Croissant an der Hotelbar kosten nicht mehr als in einem Café. Nur zwei Zimmer sind mit Bädern ausgestattet. 🕲 *Viale Tunisia 6 • Karte P1 • 02-2940-0934 • €*

7 Nuovo
Das bescheidene Ein-Sterne-Haus liegt versteckt nur zwei Straßen hinter dem Duomo. Das Management ist etwas grantig, die Zimmer bieten riesige Waschbecken und steinerne Balkone sowie Einbaumöbel. 🕲 *Piazza Beccaria 6 • Karte N4 • 02-8646-4444 • Fax 02-7200-1752 • €*

8 Commercio
Das kleine Hotel liegt perfekt zwischen Bera, Castello und Duomo. Hier steigen v.a. Arbeiter ab, doch sind auch Touristen willkommen, die sich weder durch Duschkabinen, Waschbecken und Bidet im Zimmer noch durch Toiletten am Gang abschrecken lassen und bar im Voraus zahlen. Die Zimmer sind sehr unterschiedlich, bitten Sie darum, sich Ihr Zimmer selbst auszusuchen. 🕲 *Via Mercato 1/Via d. Erbe • Karte L2 • 02-8646-3880 • keine Kreditkarten • €*

9 Vecchia Milano
Das Hotel zählt zu den teureren unter den günstigen, bietet aber Holztäfelung, große Zimmer und eine gute Lage in einer ruhigen Straße westlich des Duomo. Gut für Familien: In vielen Zimmern ist ein drittes Klappbett montiert. 🕲 *Via Borromei 4 • Karte L4 • 02-875-042 • €*

10 Ostello Piero Rotta
Mailands eher strenge Jugendherberge liegt etwas außerhalb beim San-Siro-Stadion, hat jedoch einen schönen Garten. 🕲 *Viale Salmoiraghi 1 • 02-3926-7095 • €*

Clever Geld sparen **siehe S. 135**

Links **Agnello d'Oro, Bergamo** Mitte **Broletto, Mantua** Rechts **I Due Roccoli, Iseo**

TOP 10 Hotels in der Region

1 San Lorenzo, Bergamo

Das eleganteste Hotel in Bergamo öffnete 1998 in einem umgebauten Kloster am Nordrand der malerischen Oberstadt seine Pforten. Der Service ist tadellos, die Zimmer sind angenehm minimalistisch ausgestattet. ✆ *Piazza Mascheroni 9a • Karte D3 • 035-237-383 • €€*

2 Agnello d'Oro, Bergamo

Das Hotel in einem 1600 erbauten Haus gleicht einem langen Chalet. An der Rezeption ist man bisweilen etwas brüsk, die Zimmer sind gemütlich, wenn auch etwas fantasielos. In den vorderen Räumen sieht man von den kleinen Balkonen auf den Trubel der Stadt. ✆ *Via Gombito 22 • Karte D3 • 035-249-883 • €*

3 San Lorenzo, Mantua

Das hübsche Hotel wartet mit luxuriöser Ausstattung und etwas Pomp aus dem 18. und 19. Jahrhundert auf. Es residiert in mehreren Häusern in der Fußgängerzone in der Altstadt. Die Dachterrasse bietet einen Panoramablick auf Mantua. ✆ *Piazza Concordia 14 • Karte H6 • 0376-220-500 • www. hotelsanlorenzo.it • €€€*

4 Broletto, Mantua

Der Palazzo aus dem 16. Jahrhundert (mit Balkendecke und rustikal-modernem Ambiente) ist nur 100 Meter vom Lago Inferiore entfernt. ✆ *Via Accademia 1 • Karte H6 • 0376-326-784 • €€*

5 Duomo, Cremona

Die modernen Zimmer sind einfach, aber bequem. Und die zur Fußgängerzone hin bieten zudem einen (eingeschränkten) Blick auf die Fassade des nahen Duomo. Restaurant und Pizzeria des Hotels sind angemessen. ✆ *Via Gonfalonieri 13 • Karte E6 • 0372-35-242 • €*

6 I Due Roccoli, Iseo

Der Familienbetrieb residiert im eigenen Privatpark mit Tennisplatz und Pool hoch über dem See an der Straße nach Polaveno. Die Zimmer sind rustikal angehaucht, die Aussicht auf See und Berge ist superb, das Restaurant ebenso *(siehe S. 129).* ✆ *Via Silvio Bonomelli • Karte E4 • 030-982-2977 • www.idueroccoli. com • €€*

7 Iseolago, Iseo

Das Iseolago ist eine gelungene Mischung aus Ferien- und klassischem Hotel, bietet Parkett und Seidendraperien genauso wie Fitnesszentrum, zwei Swimmingpools, Tennisplätze und Wassersport am See. Einziger Nachteil: Das Iseolago liegt nicht im Zentrum, deshalb braucht man ein Auto. ✆ *Via Colombera, 2 • Karte E4 • 030-98-891 • www. iseolagohotel.it • €€*

8 Villa Crespi, Lago d'Orta

Die pseudo-maurische Villa (mit Minarett!) von 1879 liegt an der Abzweigung nach Orta San Giulio. Suiten und Zimmer haben Mosaik- oder Parkettboden, geschnitzte Holzmöbel, Seidentapeten und Himmelbetten. Das Restaurant serviert beste Regionalküche. ✆ *Via Fava, 18 • Karte A3 • 0322-911-908 • www. lagodortahotels.com • 7. Jan–13. Feb geschl. • €€€*

9 Villa Principe Leopoldo, Lago di Lugano

Diese Luxusbastion aus dem 19. Jahrhundert blickt von der Höhe des Schweizer Ufers auf den See. Es gibt Business-Zentrum, Pool, Fitness- und Wellnesseinrichtungen. Die Villa bietet luxuriöse Suiten, der *Residence*-Anbau bescheidenere Doppelzimmer. ✆ *Via Montalbano 5 • Karte B1 • 0041-95-985-8825 • www.leopoldohotel.com • €€€€€*

10 Vittoria, Brescia

Brescias einziges richtiges Hotel in der Altstadt bietet allen Fünf-Sterne-Komfort, den man in einem mächtigen Bau aus dem Faschismus erwarten kann. Leider richten sich doch die Preise nach gehobenen Spesenkonten. ✆ *Via X Giornate 20 • Karte F4 • 030-280-061 • www.hotelvittoria.com • €€€€*

Mehr zu Hotels an den großen Seen siehe S. 103, 113, 123
Preiskategorien siehe S. 147

Links **Campingplatzschild** Mitte **Camping Brione in Riva** Rechts **Der Pool des Campeggio Garda**

Selbstversorgung & Camping

1 Rescasa, Mailand

Rescasa ist eine Organisation für Selbstversorger-Unterkünfte. Diese heißen in Italien *residence* und werden monateweise vermietet. Die auf der Website erhältliche Broschüre listet Dutzende Unterkünfte in Mailand und der Region auf. ◈ *Via Serbelloni 7 • Karte P2 • 02-7600-8770 • www.rescasa.it • €–€€€€*

2 Santospirito Residence, Mailand

Die eleganten Wohnungen in Mailands schickem Einkaufsviertel sind mit Parkett und Satelliten-TV ausgestattet und liegen an einem privaten Innenhof. Wäsche wird täglich gewechselt, die Küche zweimal täglich geputzt. ◈ *Via Santo Spirito 17 • Karte N2 • 02-7600-6500 • www.santospirito.it • €€€*

3 Planet Residence, Mailand

Die langweiligen, aber geräumigen Zwei- oder Dreizimmerapartments mit Küche, Video, Modem-Anschluss und Wäschedienst werden dreimal wöchentlich geputzt. Tage- und wochenweise zu mieten. ◈ *Via Rovigno 23 • 02-2611-3753 • www. planetresidence.it • €*

4 Camping Isolino, Verbania, Lago Maggiore

Die Oase der Ruhe liegt auf einer unter Naturschutz stehenden Landzunge an einem privaten Sandstrand. Der Platz ist hervorragend ausgestattet mit Supermarkt, Pizzeria, Restaurant, Videospielen, Pool, Mountainbiketouren, Tanz- und Windsurfingkursen und sogar einer Disko. ◈ *Via per Feriolo 25 • Karte A2 • 03 23-496-080 • www.isolino.it • Okt–März geschl. • €*

5 Camping Conca d'Oro, Feriolo di Baveno, Lago Maggiore

An dem grünen Campingplatz bei Baveno im Toce-Naturschutzgebiet gibt es Restaurant, Supermarkt, Räder, Kayaks, Videospiele und Sport am weißen Sandstrand. ◈ *Via 42 Martiri 26 • Karte A2 • 0323 28116 • www.concadoro.it • 23. Sep–22. März geschl. • €*

6 Camping Villaggio Gefara, Domaso, Comer See

Der kleine Zwei-Sterne-Platz direkt am See bietet: Bar, Waschsalon, Beach-Volleyball, in der Nähe Läden und Wassersport. ◈ *Via Case Spare 188 • Karte C2 • 0344-96-163 • www.campinggefara. it • 6. Okt– 27. März geschl. • €*

7 Camping Brione, Riva, Gardasee

Ein im Grünen gelegener Camping- und Wohnwagenplatz mit Minigolf, Schwimmen und Tennis. Kleine Zelte werden auf den Terrassen unter Olivenbäumen aufgestellt. ◈ *Via Monte Brione 32 • Karte H3 • 0464-520-885 • www.campingbrione.com • Okt–März geschl. • €*

8 Campeggio Garda, Limone, Gardasee

Der Campingplatz beim historischen Zentrum von Limone bietet Privatstrand, Windsurfen, Segeln und zwei Pools sowie Fischrestaurant, Pizzeria, Strandgrill und Supermarkt. ◈ *Via IV Novembre 10 • Karte G3 • 0365-954-550 • Nov–Feb geschl. • €*

9 Camping del Sole, Lago d'Iseo

Der große Campingplatz liegt mitten im Grünen direkt am See (die wenigen, begehrten Uferplätze unbedingt reservieren!). Zur Ausstattung zählen Restaurant, Supermarkt, Waschsalon, zwei Pools, Tennis- und Basketballplätze. ◈ *Via per Rovato • Karte E4 • 030-980-288 • www.campingdelsole.it • Okt–März geschl. • €*

10 Campeggio Città di Milano

Mailands einziger Campingplatz (vier Sterne) liegt an der SS22 nach Novara (mit dem Bus 72 von der U-Bahn-Station De Angeli erreichbar), nahe beim San-Siro-Stadion. Er bietet Pool, Sport, Disko und in der Nähe einen Wasserpark. ◈ *Via G. Airaghi 61 • 02-4820-0134 • 1. Dez–31. Jan geschl. • €*

Register

Register

Register

Danksagung/Bildnachweis

Der Autor
Reid Bramblett lebt in New York. Der Reisebuchautor hat Führer über Italien, Europa und New York für Frommer's verfasst sowie für Dorling Kindersley *Top 10 Toskana*.

Produktion
BLUE ISLAND PUBLISHING, London
www.blueisland.co.uk

Herausgeberin
Rosalyn Thiro

Art Director
Stephen Bere

Chefredakteur
Michael Ellis

Redakteure
Jane Simmonds, Charlotte Rundall

Designer
Lee Redmond

Bildrecherche
Ellen Root

Recherche-Assistenz
Amaia Allende

Korrektorin
Jane Simmonds

Überprüfung der Angaben
Silvia Gallotti

Register
Charlotte Rundall

Hauptfotografen
Paul Harris und Anne Heslope

Weitere Fotografien
Steve Bere, John Heseltine, Clive Streeter.

Karten
James Anderson, Jane Voss (Anderson Geographics Ltd.)

Bei DORLING KINDERSLEY, London:

Publisher
Douglas Amrine

Publishing Manager
Anna Streiffert

Senior Art Director
Marisa Renzullo

Leitung Kartografie
Casper Morris

Leitung DTP
Jason Little

Produktion
Melanie Dowland

Bildnachweis
Der Verlag möchte allen Verantwortlichen für die freundliche Genehmigung zum Fotografieren von Kirchen, Sehenswürdigkeiten, Hotels, Lokalen, Läden und Galerien danken.

o = oben; ol = oben links; or = oben rechts; om = oben Mitte; m= Mitte; mr = Mitte rechts; mlu = Mitte links unten; mlo = Mitte links oben; u= unten; ul = unten links; ur = unten rechts.

Danksagung/Bildnachweis

Der Verlag dankt folgenden Personen, Institutionen und Bildbibliotheken für die freundliche Genehmigung zur Reproduktion ihrer Fotografien.

ARCHIVIO ISTITUTO GEOGRAFICO DEAGOSTINI: 24ur, 24ul; ARCHIVO STORICO DEL CINEMA/ AFE: Regie Mario Camerini 50ol, Regie Michelangelo Antonioni 50or, Regie Charles Vidor 50m, Regie Vittorio de Sica 50u.

BRIDGEMAN ART LIBRARY, London: Biblioteca Ambrosiana, Mailand 48om; Sammlung Riccardo und Magda Jucker, Mailand 14m; Ognissanti, Florenz Sandro Botticelli Detail von *Der heilige Augustinus beim Studium* 33or; Museo del Duomo Tintoretto *Jesus unter den Schriftgelehrten* 73u; Nationalmuseum, Stockholm Ruprecht Heller *Die Schlacht von Pavia* 32u; Pinacoteca Ambrosiana 7ol, 18m, 18f; Pinacoteca di Brera 13m, 15u, 48u; Sandro Boticelli *Porträt des Guiliano de' Medici* 27u; Privatsammlung 32or, 33mr.

CORBIS: Ted Spiegel 46or; Sandro Vannini 47o.

GENIUS RESORT: 146or.

MAGAZZINI GENERALI: 61o; FOTO MAJRANI, MAILAND: von Ikona 25u; MARKA: 40or; M. Albonico 85o, 87ur; T. Conti 6ul, 12m, 14o, 40ol, 52or; M. Cristofori 40u; C. Dogliani 40om; D. Donadoni 7or, 24f, 27o, 60u; G. Ferrari 52m; F. Garufi 33ur; S. Malli 8o, 24o, 53ul, 88or; G. Mereghetti 52ol; Foto OM 53or; F. Pizzochero 66or, 67ol.
ROLLING STONE: 60or;
ROVELLO HOTEL:146ol.

SANTA MARTA HOTEL: 146om; SCALA, Florenz: Biblioteca Marucelliana, Firenze Leoni Ottavio 48or; Biblioteca Reale, Turin 48m; Castello Sforenzesco 16o, 16u, 16f, 17o, 17u; Museo Poldi-Pezzoli 41u, 75u; Museo Teatrale alla Scala 41o; Palazzo Ducale Venedig Federico Zuccari *Barbarossa küsst Papst Alexander III. die Füße* 32ol; Pinacoteca Ambrosiana 18u, 19m, 19u; Pinacoteca di Brera 12o, 12u, 12f, 13u, 14u, 15o, 48ol; Sant'Ambrogio 20o, 20ul, 20ur, 21o, 21m, 20f, 21u; Santa Maria delle Grazie 6ol, 8m(d), 8u(d), 9t(d), 8f, 9u(d), 30f.

UFFICIO STAMPA ORCHETRA VERDI: Silvia Lelli 60ol.

Umschlag
Front: CORBIS: Archivo Iconografico, S. A. om;
DK IMAGES: Paul Harris mlu und ul; John Heseltine mlo; GETTY IMAGES: Shaun Egan Hauptbild. Rücken: DK IMAGES: John Heseltine ol und or; Clive Streeter om.

Alle weiteren Bilder
© Dorling Kindersley.
Weitere Informationen unter
www.dkimages.com

Sprachführer

Notfälle

Hilfe!	**Aiuto!**
Halt!	**Fermate!**
Rufen Sie einen Arzt.	**Chiama un medico.**
Rufen Sie einen Krankenwagen.	**Chiama un' ambulanza.**
Rufen Sie die Polizei.	**Chiama la polizia.**
Rufen Sie die Feuerwehr.	**Chiama i pompieri.**

Grundwortschatz

Ja/Nein	**Si/No**
Bitte	**Per favore**
Danke	**Grazie**
Verzeihung	**Mi scusi**
Guten Tag	**Buon giorno**
Auf Wiedersehen	**Arrivederci**
Guten Abend	**Buona sera**
Welche/r/s?	**Quale?**
Wann?	**Quando?**
Warum?	**Perchè?**
Wo?	**Dove?**

Nützliche Redewendungen

Wie geht's?	**Come sta?**
Sehr gut, danke	**Molto bene, grazie.**
Erfreut, Sie kennen zu lernen.	**Piacere di conoscerla.**
In Ordnung	**Va bene.**
Wo ist ...?	**Dov'è/**
Wo sind ...?	**Dove sono ...?**
Wie komme ich nach ...?	**Come faccio per arrivare a ...?**
Sprechen Sie deutsch?	**Parla tedesco?**
Sprechen Sie englisch?	**Parla inglese?**
Ich verstehe nicht.	**Non capisco.**
Entschuldigung.	**Mi dispiace.**

Einkaufen

Wie viel kostet das, bitte?	**Quant'è, per favore?**
Ich hätte gern ...	**Vorrei ...**
Haben Sie ...?	**Avete ...?**
Nehmen Sie Kreditkarten?	**Accettate carte di credito?**
Wann öffnen/ schließen Sie?	**A che ora apre/ chiude?**
das hier	**questo**
das dort	**quello**
teuer	**caro**
billig	**a buon prezzo**
Größe (für Kleidung)	**la taglia**
Größe (für Schuhe)	**il numero**
weiß	**bianco**
schwarz	**nero**
rot	**rosso**
gelb	**giallo**
grün	**verde**
blau	**blu**

Läden & Geschäfte

Apotheke	**la farmacia**
Bäckerei	**il forno/il panificio**
Bank	**la banca**
Buchhandlung	**la libreria**
Delikatessenladen	**la salumeria**
Eisdiele	**la gelateria**
Friseur	**il parrucchiere**
Kaufhaus	**il grande magazzino**
Konditorei	**la pasticceria**
Lebensmittelladen	**alimentari**
Markt	**il mercato**
Postamt	**l'ufficio postale**
Reisebüro	**l'agenzia di viaggi**
Supermarkt	**il supermercato**
Tabakladen	**il tabaccaio**
Zeitungskiosk	**l'edicola**

Sehenswürdigkeiten

Gemäldegalerie	**la pinacoteca**
Bushaltestelle	**la fermata dell'autobus**
Kirche	**la chiesa/ la basilica**
Wegen Urlaub geschlossen	**chiuso per le ferie**
Garten	**il giardino**
Museum	**il museo**
Bahnhof	**la stazione**
Fremdenverkehrsbüro	**l'ufficio di turismo**

Im Hotel

Haben Sie ein Zimmer frei?	**Avete camere libere?**
Doppelzimmer	**una camera doppia**
mit Doppelbett	**con letto matrimoniale**
Zweibettzimmer	**una camera con due letti**
Einzelzimmer	**una camera singola**
Zimmer mit Bad Dusche	**una camera con bagno, con doccia**
Ich habe reserviert.	**Ho fatto una prenotazione**

Im Restaurant

Haben Sie einen Tisch für ...?	**Avete una tavola per ... ?**
Ich möchte einen Tisch reservieren.	**Vorrei riservare una tavola.**

Sprachführer

Frühstück	**colazione**
Mittagessen	**pranzo**
Abendessen	**cena**
Die Rechnung, bitte.	**Il conto, per favore.**
Kellnerin	**cameriera**
Kellner	**cameriere**
Tagesmenü	**il menù a prezzo fisso**
Tagesgericht	**piatto del giorno**
Vorspeise	**antipasto**
erster Gang	**il primo**
zweiter Gang	**il secondo**
Gemüsebeilage	**contorni**
Dessert	**il dolce**
Gedeck	**il coperto**
Weinkarte	**la lista dei vini**
Glas	**il bicchiere**
Flasche	**la bottiglia**
Messer	**il coltello**
Gabel	**la forchetta**
Löffel	**il cucchiaio**

Speisekarte

l'acqua minerale	Mineralwasser
gassata/	mit Kohlensäure
naturale	still
agnello	Lamm
aglio	Knoblauch
al forno	gebacken
alla griglia	gegrillt
arrosto	Braten
la birra	Bier
la bistecca	Steak
il burro	Butter
il caffè	Kaffee
la carne	Fleisch
carne di maiale	Schweinefleisch
la cipolla	Zwiebel
i fagioli	Bohnen
il formaggio	Käse
le fragole	Erdbeeren
il fritto misto	mehrerlei Gebratenes
la frutta	Obst
frutti di mare	Meeresfrüchte
i funghi	Pilze
i gamberi	Garnelen
il gelato	Eis
l'insalata	Salat
il latte	Milch
lesso	gekocht
il manzo	Rindfleisch
l'olio	Öl
il pane	Brot
le patate	Kartoffeln
le patatine fritte	Pommes frites
il pepe	Pfeffer
il pesce	Fisch
il pollo	Hühnchen
il pomodoro	Tomate
il prosciutto	Schinken
cotto/	gekocht

crudo	roh
il riso	Reis
il sale	Salz
la salsiccia	Wurst
succo	Orangen-/
d'arancia/	Zitronensaft
di limone	
il tè	Tee
la torta	Kuchen/Torte
l'uovo	Ei
vino bianco	Weißwein
vino rosso	Rotwein
il vitello	Kalbfleisch
le vongole	Muscheln
lo zucchero	Zucker
la zuppa	Suppe

Zahlen

1	**uno**
2	**due**
3	**tre**
4	**quattro**
5	**cinque**
6	**sei**
7	**sette**
8	**otto**
9	**nove**
10	**dieci**
11	**undici**
12	**dodici**
13	**tredici**
14	**quattordici**
15	**quindici**
16	**sedici**
17	**diciassette**
18	**diciotto**
19	**diciannove**
20	**venti**
30	**trenta**
40	**quaranta**
50	**cinquanta**
60	**sessanta**
70	**settanta**
80	**ottanta**
90	**novanta**
100	**cento**
1000	**mille**
2000	**duemila**
1 000 000	**un milione**

Zeit

eine Minute	**un minuto**
eine Stunde	**un'ora**
ein Tag	**un giorno**
Montag	**lunedì**
Dienstag	**martedì**
Mittwoch	**mercoledì**
Donnerstag	**giovedì**
Freitag	**venerdì**
Samstag	**sabato**
Sonntag	**domenica**